AF453954

rarissime édi[tion]

« Sauvez moi oh! sauvez moi, si vous êtes un homme... un Chretien... un parent. »

LES SÉRAILS DE LONDRES,

OU

LES AMUSEMENS NOCTURNES,

CONTENANT

Les Scènes qui y sont journellement re-
présentées, les Portraits et la Description des Courtisannes les plus célè-
bres, et les Caractères de ceux qui les
fréquentent.

TRADUIT DE L'ANGLAIS.

TOME PREMIER.

———

A PARIS,

Chez BARBA, Libraire, Palais Egalité, der-
rière le Théâtre de la République, no. 51.

AN IX. (1801.)

AVERTISSEMENT

DU

TRADUCTEUR.

---

*C*ET *Ouvrage, comme le titre l'indique, n'est point, à proprement parler, écrit dans le même genre de l'Arétin, du* Portier des Chartreux, *de la* Fille de joie, *et autres de cette espèce : on n'y trouvera aucune expression obscène qui puisse, en quelque sorte, choquer la convenance. En m'exprimant ainsi, je ne prétends point faire l'apologie de ce*

Livre, ni prouver sa moralité; car on doit bien s'attendre à trouver dans une production de cette nature des aventures piquantes, joyeuses et même gaillardes; mais l'auteur, en les décrivant, ne s'est point servi de ces mots libres que l'on rencontre dans les livres de ce genre.

Cet Ouvrage n'est point tout-à-fait destiné à exciter les passions, ni à satisfaire la curiosité vicieuse : les scènes qu'il renferme, et qui sont tracées d'après les portraits originaux , peuvent éclairer la partie innocente et ignorante de notre sexe , et le détourner de la route libertine de la vie , en la voyant couverte de tant d'évènemens dangereux , et de situations sinistres et mortelles : il peut également instruire l'autre sexe , foible et sans défense , des pièges que l'on leur tend, journellement et dont ils ne connoissent pas le danger , lui démasquer l'hypocrite caché, le libertin marié , le prédicateur infâme , le lord mé-

prisable et le débauché su-
perstitieux ; lui faire envisa-
ger les moyens de séduction
que ces Mécréans employent
perpétuellement pour les tromper et les séduire ; enfin, les
deux sexes y verront des scènes de vice compliqué qui, en
faisant frémir d'horreur, font
chérir davantage la vertu.

La tromperie, la perfidie
et les stratagêmes employés
journellement par les mères
abbesses de ces lieux de libertinage, pour attirer dans leurs
sérails les personnes des deux

sexes, y sont peints dans leur véritable couleur : c'est un tableau utile, mais affligeant de la dépravation de la nature humaine, qui démontre jusqu'à quel degré l'infamie peut parvenir dans le cœur d'une jeune personne.

Que le monde réfléchisse sérieusement sur les aventures dont il est fait mention dans cet Ouvrage ; et si d'après une telle exposition, il n'en retire pas, dans un sens moral, quelques heureuses conséquences, ce ne sera point la faute de l'auteur.

Quoiqu'il ne soit question, dans cet Ouvrage, que des sérails de Londres, on peut également faire l'application des scènes et aventures secrettes dont il y est question, aux sérails de France et à ceux des pays étrangers. Le tableau doit être par-tout le même.

———————

INTRODUCTION.

N ous croyons devoir informer le lecteur que cet ouvrage est écrit par un *Moine de l'ordre de S. François*, et il nous paroît nécessaire d'illustrer son caractère, et donner une petite description du *Prieuré de Medmenham*, le siège de l'esprit, de la plaisanterie, de l'anecdote et de la galanterie : car ce fut dans cet endroit que ces Mémoires furent recueillis et écrits, durant un séjour de quelques semaines, par une société de gens de lettres les plus distingués et les plus enjoués de ce siècle.

Un certain gentilhomme qui avoit fait le tour de l'Europe, et qui avoit visité la plus grande partie des villes capitales du continent, où il fit des observations judicieuses sur chaque objet intéressant qui se présentoit à son imagination ; particulièrement sur les différens couvens religieux, fondés, pour ainsi dire, en contradiction directe avec la nature et la raison ; étant de retour en Angleterre, pensa qu'une institution burlesque, sous le nom de Saint François, montreroit évidemment l'absurdité de ces sociétés sequestrées ; et il jugea qu'il conviendroit mieux de

substituer à la place des aus-
térités et des abstinences qui
y étoient pratiquées, l'enjouement agréable, la franche
gaîeté et la félicité sociale.

Ayant communiqué son idée
à plusieurs gentilhommes ins-
truits, d'un caractère vif et badin, et pensant comme lui, ils
s'accordèrent ensemble à faire
bâtir une petite maison, mais
élégante, sur une petite île
située au milieu de la Tamise,
pas bien éloignée de Hamp-
ton; ce projet fut aussi-tôt
éxécuté : l'habitation étoit dis-
tribuée en un nombre d'appar-
mens convenables qui consis-
toient en une bibliothèque, une

salle de musique et d'instru-
mens, un sallon de jeux de cartes, et autres pièces, etc. tout
étant ainsi disposé, on donna
à cette maison le nom de
Prieuré de Medmenham. Il fut
donc résolu d'y venir passer,
suivant l'occasion, quelques
semaines, dans la saison de
l'été ; et là, semblables à un
autre *sans soucy*, de donner un
libre essort à leurs génies. Le
contrôle et la gêne étoient
bannis de la société, excepté
les usages établis par les bonnes mœurs et la politesse. Il
étoit permis à chacun de s'a-
muser, suivant son goût, soit
à lire, à écrire, à jouer ou à

converser. Cependant ils se trouvoient toujours tous réunis aux heures des repas; et pour qu'ils fussent mieux assaisonnés de l'enjouement, de la plaisanterie et de la gaieté, chaque membre pouvoit y introduire une dame d'un caractère vif, badin et agréable. Ils y admettoient aussi d'autres hommes, mais sous la restriction qu'en cette occasion, le maître des cérémonies connoissoit parfaitement leur mérite, leur esprit et leur caractère. Après s'être porté quelques santés particulières, il n'y a plus ensuite de gêne pour la circulation du verre. Les dames, dans l'interval des repas, peuvent choisir entre elles celle qui leur agréent le plus pour faire leurs parties, et, s'amuser ensemble ou seule, soit à lire, à faire de la musique, à travailler au tambour, etc.

Le sel de ces fêtes est généralement attique, mais on n'y souffre point, sans une peine sévère, indécence, ni indélicatesse; le jeu de mots qui porte agréablement, et d'une manière honnête, le double entendre, y est accueilli avec beaucoup d'applaudissemens.

L'habit de l'ordre de S. François est porté très-religieusement, tant par les moines réguliers que par les autres visiteurs admis, des deux sexes :
ils sont requis de jurer de ne
point révéler le secret de l'ordre, qui cependant est plutôt
un sujet de forme dont on peut
fréquemment se dispenser. La
cérémonie de réception se fait
dans une chapelle destinée à
cet effet, au son d'une cloche
qui est accompagnée d'une
musique solemnelle et plain-
tive. Le candidat, à son entrée, fait la révérence ; après
s'être avancé d'un pas lent vers

une table placée à l'extrémité de la chapelle, il fait profession de ses principes, et demande d'être admis en dedans des barrières; le lieu fixé des douze membres juges revêtus de habit de l'ordre. Après que la cérémonie d'un candidat est faite, les autres font également leurs professions, et exposent leur titre d'admission. Alors les moines juges ayant entendu attentivement les prétentions des compétiteurs, le supérieur procède à recueillir leurs voix, et le candidat qui paroît avoir une majorité en sa faveur, est déclaré élu, et en conséquence on lui donne son titre d'admission dans la société.

Malgré les règles de décence, et le décorum qui sont observés dans cette société, en opposition à ces femelles qui prennent le voile dans les séminaires étrangers, les dames, à leur admission, ne sont point forcées de faire aucun vœu de célibat; il en est de même des moines; ces dames se regardant les femmes légitimes des frères tout le tems qu'elles séjournent dans cette maison religieuse. Chaque moine observe très-scrupuleusement de ne pas enfreindre la loi de l'u-

nion nuptiale de ses autres
frères.

Les dames, en particulier,
souscrivent au serment du secret; et, comme il est de leur
intérêt réciproque de ne point
faire connoître les règles et les
cérémonies de cette maison
religieuse, il n'y a pas encore
eû, depuis la première institution de l'ordre, aucun rapport
scandaleux sur leur compte;
ce qui, autrement, auroit pu
augmenter le nombre des divorces qui maintenant est si
fort en vogue dans ce royaume.
Pour qu'aucune dame ne puissent être surprise, soit par son

mari, parent ou connoissance quelconque, elles sont admises en masque; et elles ne se démasquent qu'après que tous les frères les ont passées en revue, afin qu'elles puissent éviter, si elles le jugent convenable, la rencontre de quelque personne fâcheuse. Dans ce cas on n'exige d'elles aucun éclaircissement, mais elles peuvent se retirer sans faire aucune apologie ni confession quelconque à aucun des frères, si ce n'est qu'à leurs maris temporaires.

On y admet de tems à autre les recherches du genre amoureux

et platonique ; mais, dans ce circonstances, l'entière liberté du discours est permise, pourvu néanmoins qu'elle n'outrepasse point les bornes prescrites par le décorum. Alors, si les sujets de la conversation deviennent trop passionnés, les dames employent l'usage de l'éventail, pour ne point montrer la rougeur que produit sur leurs visages de pareils discours : et fort souvent, sous ce prétexte, quelques dames saisissent cette occasion pour faire une retraite temporaire avec leurs amoureux. Le monastère n'est point destitué du secours de la faculté, même des personnes qui professent l'art de la chirurgie aussi bien que celui de l'accouchement; et, dans un pareil cas, les dames, si elles le jugent nécessaire, peuvent faire une retraite temporaire du monde, et, à cet égard, augmenter la postérité de la génération présente. Les enfans provenus de ces liaisons deviennent les fils et les filles de S. François, et sont employés dans les charges et fonctions du séminaire, relativement à leurs différentes capacités, ou au sort que leur assignent leurs parents.

Tels sont, en général, les

loix, coutumes et règles de la
société des moines de S. François, dont la plupart d'entre
eux ont contribué; d'après
leurs renseignemens, à la production de cet ouvrage.

———

LES

LES
SÉRAILS DE LONDRES,

OU

LES AMUSEMENS NOCTURNES.

CHAPITRE PREMIER.

Naissance et progrès de la galanterie. Description des différens séminaires de divertissemens amoureux dans le dernier règne.

C E siècle d'avancement et de perfection dans les arts, les sciences, le goût, l'élégance, la politesse, le luxe, la débauche, et même le vice, devoit être particulièrement distingué par le mode et les cérémonies usitées dans le culte rendu à la déesse de Cypris.

Tome I.   A

Nos pères connoissoient si peu ce que l'on appelle aujourd'hui le *ton*, qu'ils regardoient infâme tout homme qui entretenoit une maitresse ; les saillies même de la jeunesse étoient inexcusables ; il falloit, avant le vœu matrimonial, observer très-religieusement, des deux côtés, le plus parfait célibat. L'adultère étoit alors jugé un des plus grands crimes que l'on pût commettre ; et lorsqu'une femme s'en rendoit coupable, fut-elle de la plus haute noblesse, on la bannissoit de la société ; ses parens et ses amis ne la regardoient pas. Aujourd'hui la véritable politesse, établie sur les principes les plus libéraux du *savoir vivre*, a pris la place de ces notions gothiques : la galanterie s'est introduite graduellement jusqu'à ce qu'elle ait atteint son présent degré de perfection.

A

Ce fut sous le règne de *Charles II*, qu'elle commença à prendre naissance. Ce Monarque en établit l'exemple dans le choix et le nombre de ses maitresses pour ses courtisans et ses sujets : mais dès que *Jacques*, ce prince moine et bigot (qui comme l'avoit observé *Louis XIV*, perdit trois royaumes pour une messe) parvint au trône, la galanterie alors fut bannie de ces royaumes.

A l'avènement de *George I*, les dames reprirent leur pouvoir. La gaieté et la familiarité établirent un commerce entre les deux sexes. Il n'y avoit point de partie complette sans les dames ; ces parties devinrent ensuite plus particulières et favorisèrent les desseins des amans. L'intrigue commença alors à éviter les regards de la cour que le palais avoit favorisé ; et les courtisans, pour mieux

suivre leur passion, se retirèrent dans
les boudoirs.

Sous le règne de *George II*, la galanterie se purifia ; elle devint une
science pour ceux qui vouloient in-
triguer avec dignité. Les femmes eurent alors tout pouvoir à St. James ;
on faisoit plus sa cour à la maitresse
d'un homme puissant qu'au premier
ministre ; et les dignitaires de l'é-
glise ne se croyoient pas déshonorés
de solliciter les faveurs d'une laïs
favorite.

Le règne présent est celui où la
galanterie et l'intrigue sont parvenus
au plus haut degré de perfection.

Les divorces ne furent jamais si
multipliés qu'ils le sont de nos jours :
il ne faut pas s'imaginer qu'ils sont
occasionnés par aucune affection réelle de l'un ou l'autre des parties ;
car si elles se sont uniés par l'intérêt

ou l'alliance, de même, elles se dé-
sunissent par l'intérêt ou le caprice
d'un autre mariage.

Des femmes entretenues, nous pas-
serons à celles que l'on peut se procurer pour une somme stipulée. Avant
l'institution moderne des sérails, le
théâtre principal des plaisirs lascifs
étoit dans le voisinage de *Covent-
Garden*. Il existe encore quelques libertines de ce tems qui doivent se
ressouvenir des amusemens nocturnes
de *Moll-king*, au centre du marché
de Covent - Garden. Ce rendez-vous
étoit le réceptacle générale des prostituées et libertines de tous les rangs.
A cette époque, il y avoit sous le marché un jeu public appelé *lord Mording-
ton*. Plusieurs familles ont dû leur
ruine à cette association; elle étoit
souvent la dernière ressource du négociant gêné qui alloit dans cet endroit

avec la propriété de ses créanciers, dans l'espérance de s'y enrichir ; mais il étoit entouré de tant d'escrocs qui, par leurs artifices, le trompoient si adroitement, que c'étoit un miracle lorsqu'il retournoit chez lui avec une guinée dans sa poche. De cet établissement infernal, le joueur ruiné, qui n'avoit pas un schelling pour se procurer un logement, se rendoit chez Moll-king pour y passer le reste de la nuit ; si par hasard il avoit une montre, ou une paire de boucle d'argent, tandis qu'il dormoit, les mains habiles de l'un et l'autre sexe remplissoient les devoirs de leur vocation ; et la victime malheureuse de la fortune devenoit alors une victime plus malheureuse de Mercure et de ses disciples.

Lorsque Moll-king quitta ses rendez-vous nocturnes, elle se retira

(7)

vec une fortune très-considérable,
qu'elle avoit amassée par les folies,
les vices et le libertinage du siècle.

Vers le même tems, la *mère Douglas*, mieux connue sous le nom de
mère Cole, avoit la plus grande réputation. Elle ne recevoit dans sa maison que les libertins du premier rang;
les princes et les pairs la fréquentoient, et elle les traitoit en proportion de leurs dignités ; les femmes de
la première distinction y venoient
fréquemment incognito : le plus grand
secret étoit strictement observé ; et il
arrivoit souvent que, tandis que milord jouissoit dans une chambre des
embrassemens de Chloé, son épouse
lui rendoit le change dans la pièce
adjacente.

Il y avoit à cette époque, à l'en-
tour de Covent-Garden, d'autres endroits de remarque inférieure. Ma-

dame *Gould* fut la première en
gue, après la mère Douglas. Elle
jouoit la dame de qualité; elle ne
prisoit les femmes qui juroient ou par-
loient indécemment; et elle ne re-
voit pas celles qui étoient adonnées
la débauche. Ses pratiques consis-
toient en citoyens riches, qui, sous
le prétexte d'aller à la campagne, venoient le samedi soir dans sa maison
et y restoient jusqu'au lundi matin
elle les traitoit du mieux qu'il lui
étoit possible; ses liqueurs étoient
excellentes, ses courtisannes très-
honnêtes, ses lits et ses meubles du
goût le plus élégant. Elle avoit un
cher ami dans la personne d'un certain Notaire public, d'extraction
juive, pour qui elle avoit un très-
grand penchant, en raison de ses ra-
res qualités et de ses grandes capacités.

Près de cet endroit étoit une autre maison de plaisir, tenue par une dame connue sous le nom de *Hell - Fire - Stanhope*; on l'appeloit ainsi à cause de la liaison intime qu'elle avoit eu avec un gentilhomme à qui on avoit donné ce sobriquet, parce qu'il avoit été président du *club de Hell - Fire*. Madame *Stanhope* passoit pour une femme aimable et spirituelle : elle avoit généralement chez elle les plus belles personnes de Covent-Garden, et elle ne recevoit que celles qui avoient le ton de la bonne compagnie.

CHAPITRE II.

Description de la maison de Weatherby ; profession des personnes qui s'y rendoient. Caractère de Lucy Cooper et de ses favoris ; quelques traits sur le beau Tracey. Portrait du roi Derrick : bon mot du docteur Smollett. Description des Sérails Parisiens, Première Institution des couvens de filles en Angleterre par madame Goadby.

———

Nous commencerons ce chapitre par donner une description de ces deux fameux et infâmes endroits de rendez-vous nocturnes, connus sous le nom de *Weatherby* et de *Margeram.*

Le premier de ces endroits, où se réfugioient les fripons, les débauchés, les voleurs, les filous et les escrocs, fut, dans l'origine, établi, il y a environ trente ans, par madame Weatherby, peu de tems après la retraite de Moll-king. Son institution ne fut pas plutôt connue, qu'un grand nombre de filles de Vénus, de tous les rangs et conditions, depuis la maitresse entretenue jusqu'à la barboteuse, se rendirent dans sa maison. Un méchant déshabillé étoit un passe-port suffisant pour cet endroit de libertinage et de dissipation. La malheureuse qui mouroit de faim, tandis qu'elle lavoit sa seule et unique chemise, étoit sûre, en entrant dans cet infâme lieu, d'y rencontrer un jeune apprentif qui la régaloit d'une tranche de mouton et d'un pot de bierre; et, s'il avoit un peu d'argent, elle lui faisoit payer pour dix-huit sols de punch, et d'engageoit à passer le reste de la nuit avec elle.

Lucy Cooper avoit coutume de venir fréquemment dans ce séjour de prostitution : non qu'elle eût l'intention de disposer de ses charmes à un prix aussi vil que celui de cet endroit, ni qu'elle y fut conduite par la nécessité ; car elle étoit alors élégamment entretenue par feu le baronet *Orlando Br...n*, un vieux débauché, qui étoit si enchanté de ses reparties, qu'il l'auroient épousé si elle n'eût pas eu la générosité de refuser sa main, pour ne point couvrir sa famille de déshonneur. Quoiqu'il ne lui laissa manquer de rien, et qu'il eût pour elle tous les soins imaginables, la voiture de Lucy étoit souvent pendant vingt-quatre heures, et quelquefois plus, arrêtée à la porte de Weatherby. D'après ce récit, le lecteur est sans doute curieux de savoir ce qui la portait à fréquenter cette maison de débauche, plutôt que de rester dans son hôtel. La dissipation étoit sa devise ; elle haïssoit le baronet ; et chez Weatherby elle étoit sûre d'y rencontrer *Palmer* l'acteur, *Bet Weyms*, *Alexandre Stevens*, *Derrick*, et autres esprits choisis dont la compagnie lui étoit agréable.

A la retraite du vieux baronet, les affaires de Lucy prirent une tournure bien différente ; elle ne donna plus de dîners au beau *Tracey* ni au roi Derrick qui étoit dans la plus grande misère. Sa Majesté a compté plus d'une fois les arbres du parc pour un repas ; mais si quelque connoissance amicale ne prenoit pas compassion de lui, et ne l'invitoit pas à se rendre à son logis, alors il faisoit le tour de la cuisine de Lucy ou de *Charlotte Hayes*. A cette époque, cette dernière dame étoit entre-

tenue par Tracey, un des hommes
les plus dissipés du siècle par rapport
au beau sexe ; il avoit cinq pieds neuf
pouces de haut ; sa taille étoit celle
d'un Hercule, et sa contenance tout-
à-fait agréable : l'extravagance de sa
parure lui avoit fait donner l'éti-
quette de *beau Tracey*. Abstraction
de ses qualités pour les femmes, c'é-
toit un homme au-dessus du médio-
cre pour le bon sens et l'instruction :
il étoit un écolier supportable ; il avoit
une bibliothèque assez bien composée ;
il aimoit tellement les livres que,
pendant que son perruquier arran-
geoit ses cheveux, il lisoit constamment quelqu'auteur estimé, et il disoit en cette occasion : « Que tandis
» que l'on embellissoit l'extérieur de
» sa tête, il polissoit toujours la ré-
» gion intérieure. » Il seroit à desirer
que les jeunes gens du siècle qui af-

fectent le savoir, suivissent la remarque judicieuse d'un homme adonné à la dissipation et à la débauche; et qui, quoiqu'il fut d'une forte constitution, détruisit, par ses vices, sa santé avant d'avoir atteint sa trentième année; mais nos élégans du jour n'ont que l'extérieur; ils n'ont d'expressions dans leur contenance que celles que leur donnent leurs perruquiers et leurs parures.

La pauvreté de Derrick étoit quelquefois si grande, qu'il n'avoit ni souliers ni bas. Se trouvant un jour dans cette situation au café Forrest, à Charing-cross, il se retira plusieurs fois dans le temple Cloacinien pour rajuster ses bas qui, méchamment, déployoient, à chaque minutes, des trous remarquables, ce qui mettoit le roi hors de contenance. Le docteur *Smol-let* étoit présent; il apperçut son em-

barra, et il lui dit : « Il faut, Der-
» rick, que vous soyez bien relâché,
» pour aller si souvent au cabinet. »
Comme il n'y avoit point d'étrangers
dans le café, Derrick pensa qu'il pourroit tirer avantage de l'observation,
et se procurer une bonne paire de bas
par une plaisanterie; exposant alors
sa pauvreté : « Il est vrai, docteur,
» repliqua-t-il; mais le relâchement
» est dans mes talons, comme vous
» pouvez aisément le voir. —— Sur
» mon honneur, Derrick, reprit
» Smollet, je l'avois jugé de même,
» car vos pieds sentent mauvais. »
Le malheur fut que l'observation se
trouva juste. Cependant le docteur,
pour lui faire réparation de la sévérité de sa raillerie, l'emmena chez
lui, lui donna un bon dîner, et, à
son départ, il lui remit une guinée
pour se procurer des bas et des souliers.

Nous avons donné la description des amis de Lucy Cooper, et des autres personnes qui fréquentoient la maison de Weatherby, dans le tems de sa célébrité, afin de poursuivre historicalement notre narration. Bientôt après, elle n'eut plus la même vogue; les disputes et les rixes qui, toutes les nuits avoient lieu dans cet endroit, troublèrent à tel point le voisinage, que la maitresse de ce logis, conformément aux peines de la loi, fut emprisonnée et exposée sur le tabouret.

La maison de Margeram étoit dans la même rue, directement opposée à celle de Weatherby; elle étoit établie sur le même pied; on la regardoit comme la petite pièce d'un spectacle, ou, pour mieux dire, on s'y rendoit comme on passoit autrefois du Vauxhall au Ranelagh; c'est-à-dire,

que dès que l'on se trouvoit fatigué
des amusemens d'un endroit, on alloit dans l'autre, et on y restoit
toute la soirée. Ce rendez-vous ne
dura pas long-tems après la suppres-
sion de l'autre.

Après avoir ainsi parcouru dès sa
naissance les progrès de l'intrigue,
de la galanterie et du libertinage,
dans ses différens établissemens, nous
arrivons à l'époque où ces amusemens
nocturnes furent établis à l'extrémité
méridionale de la ville, sous une forme
plus honnête et plus agréable, et sous
la dénomination d'Institution des Sérails.

Madame Goadby fut la première
fondatrice de ces sortes de couvens
dans sa maison de *Berwick-Street,
Soho*. Elle avoit voyagé en France,
et avoit été initiée dans les sérails des
Boulevards de Paris, sous la direc-

tion des dames *Paris* et *Montigny*,
deux anciennes abbesses qui connoissoient parfaitement tous les mystères
et les secrets de leur profession. Ces
deux endroits renfermoient un certain
nombre des plus belles prostituées
de cette ville ; elles étoient de différens pays et de différentes religions ;
mais elles étoient toutes unies par la
même doctrine, que l'on appeloit la
croyance de Paphos ; elle consistoit
en peu d'articles. Le premier, la plus
grande soumission en la mère abbesse,
dont les décrets étoient irrévocables,
et la conduite jugée infaillible ; le second, le zèle le plus sincère pour les
rites et les cérémonies de la déesse
de Cypris, l'attention la plus stricte
à satisfaire leurs admirateurs dans
leurs fantaisies, leurs caprices et ex-
travagances ; et à prévenir, par leur
soins assidus, leurs souhaits et leurs

desirs ; enfin, à éviter les excès de
la boisson et de la débauche, afin
qu'elles pûssent toujours avoir un air
de modestie et de décence, même au
milieu de leurs amusemens. Ces articles, et quelques autres, formoient
leur constitution. Enfin c'étoit un
crime impardonnable de cacher à la
mère abbesse les présens et autres
gratifications pécunières qu'elles re-
cevoient au-delà des prix fixés du sérail lesquels étoient très-modérés. Une
nuit de plaisir avec une sultane, un
bon souper, et autres dépenses, se
payoit un louis d'or ; somme qui auroit à peine suffit à défrayer une de nos
dames de la perte de son tems, sans
compter les rubans et autres ajuste-
temens du soir, ni mentionner le souper, le vin de champagne mousseux,
et autres dépenses de la maison.

Ces dévotes de Vénus passoient ordinairement leur après-dîner jusqu'au soir dans un grand salon ; quelques-unes pinçoient de la guitare, tandis que d'autres les accompagnoient de la voix ; il y en avoit qui brodoient au tambour ou festonnoient ; on leur interdisoit l'usage des liqueurs, exceptés l'orgeat, le sirop capillaire et autres boissons innocentes, afin que leurs esprits ne fussent point échauffés, et qu'elles observassnt le plus strict décorum.

L'amateur des dames se rendoit dans ces endroits avant la comédie ou l'opéra ; et, semblable au grand seigneur, il jettoit le mouchoir à sa sultane favorite de la nuit ; si elle le ramassoit, c'étoit une preuve qu'elle acceptoit le défi ; et conformément aux lois du sérail, elle ne voyoit personne, et elle lui étoit fidèle pour cette nuit.

Madame Goadby, à son retour de

France, commença à raffiner nos amusemens amoureux, et à les établir d'après le système Parisien; elle meubla une maison dans le goût le plus élégant; elle engagea les filles de joie de Londres les plus accréditées; elle prit un chirurgien pour examiner leur salubrité, et n'en recevoit aucune qui, à cet égard, paroissoit douteuse. Ayant apporté avec elle une grande quantité d'étoffes de soie et de dentelles des manufactures françaises, elle se trouva en état d'habiller ses vestales dans le goût le plus recherché; elle y employa donc tous ses soins; mais en suivant le plan des sérails parisiens, il y eut deux articles qu'elle n'observa point, l'économie des prix, et l'abolition des liqueurs jusqu'au tems du souper. Madame Goadby ne recevoit point les bourgeois dans son sérail, mais les personnes de rang et de fortune , dont les bourses s'ouvroient largement lorsqu'il s'agissoit de satisfaire leurs passions ; et à l'extravagance desquelles , elle proportionnoit toujours ses demandes : aussi elle amassa, en peu de tems , une fortune considérable ; elle acheta des terres , et elle devint, par la suite, une femme vertueuse de caractère et de réputation.

CHAPITRE III.

Charlotte Hayes, imitatrice de madame Goadby. Sa premiere apparition dans le monde avec Lucy Cooper et Nancy Jones. Anecdotes sur ces dames. Intimité de Charlotte avec Tracey. Réglement de la maison de Charlotte.

LE succès de madame Goadby, dans sa nouvelle entreprise, engagea plusieurs personnes à l'imiter dans son plan. *Charlotte Hayes*, femme bien connue par ses galanteries et ses intrigues, suivit son exemple; elle loua une maison dans *King's-place, Pall-mall*, elle la meubla magnifiquement, et parut sur les rangs, peu de tems après, avec éclat.

Charlotte Hayes, *Lucy Cooper* et *Nancy Jones*, sortirent vers ce tems de leur obscurité, et se montrèrent avec avantage dans les endroits publics. Nous avons déjà parlé du caractère de Lucy. Quant à la pauvre Nancy Jones, elle fut seulement le météor d'une heure; elle étoit une des plus jolies grisettes de la ville; mais ayant eu la petite vérole, cette cruelle maladie défigura tellement ses traits qu'il étoit impossible de la reconnoître. Comme Nancy n'avoit plus alors la moindre prétention de captiver; que sa figure hideuse lui avoit fait perdre ses connoissances, et l'empêchoit d'entrer dans les séminaires amoureux; comme elle avoit été obligée de vendre ses meubles pour se faire soigner pendant sa maladie; qu'elle n'avoit plus ni voiture élégante, ni habillemens magnifiques,

C

qu'elle étoit, en un mot, dans la plus grande détresse ; elle se vit donc contrainte à parcourir les rues dans l'espoir de rencontrer quelque citoyen ivre, ou quelqu'apprentif endimanché qui pût lui donner un méchant repas. Dans le cours de cette carrière choquante, elle contracta une certaine maladie qui la força d'aller à l'hôpital où elle paya bientôt la dette de la nature

Quant à Lucy, ses affaires, après la mort du baronet Orlando, prirent une tournure très-désagréable ; elle avoit, par son intempérance et sa débauche, bien affoibli sa constitution ; sa figure vive, et tout-à-fait agréable, étoit bien changée ; elle n'avoit plus les charmes suffisans pour captiver un homme, au point de la placer dans le même état de splendeur dont elle avoit joui pendant

quelque tems. Il est vrai que *Fett-
...ace* la secourut autant qu'il le pût ;
mais ses affaires étoient tellement dé-
rangées que, pour éviter l'imperti-
nence de ses créanciers, il fut obligé de
partir pour le continent. Lucy, abandonnée de tous côtés, après avoir
disposé de sa vaisselle, de ses meubles et hardes pour vivre, fut pour-
suivie par ses créanciers et enfermée
jusqu'au moment, où elle fut mise
en liberté par un acte d'insolvabi-
lité.

Après son élargissement, Lucy se
vit contrainte de recommencer de
nouveau son état, dans un tems où
elle auroit dû assurer son sort pour
le reste de ses jours. Elle trouva cependant des amis qui l'aidèrent à établir un séminaire à l'extrémité de
Bow-Street, où elle fit assez bien ses
affaires pendant quelque tems ; mais

en peu de mois, ses débauches la ré-
duisirent au tombeau.

Charlotte avoit pris tant d'empire
sur le beau Tracey qu'il faisoit ce
qu'elle lui commandoit : nous avons
déjà observé qu'il étoit devenu, par
la suite de ses débauches, un homme
très-foible pour les femmes ; aussi
Charlotte le trompoit notoirement ;
il le voyoit et il n'osoit lui en faire
des reproches. Quand elle se prenoit
d'inclination pour un homme dont
elle vouloit jouir, elle lui donnoit
rendez-vous à Shakespeare ou à la
Rose ; et là elle le regaloit de la manière la plus somptueuse aux dépens
de Tracey, car il lui avoit donné crédit
dans ces deux maisons ; mais lorsqu'il
croyoit que la dépense ne devoit se
monter qu'à quatre ou cinq livres sterlings, il étoit étonné de la voir portée
à trente ou quarante. Quand Charlotte

manquoit d'argent , elle avoit un moyen ingénieux pour s'en procurer; elle s'habilloit avec élégance et volupté ; elle alloit chez Tracey ; elle prétendoit être dans le plus grand embarras pour aller à la comédie ou aux autres spectacles ; et quand , par des artifices bien connus aux femmes de cette caste, elle avoit émouvé ses sens, elle ne demeuroit pas un moment de plus , à moins qu'il ne lui donna une guinée , ce à quoi il se soumettoit de bonne grace , pour jouir de sa compagnie ; elle ne restoit pas avec lui plus d'une heure ; mais s'il vouloit jouir une autre heure de la même faveur , encore une autre guinée ; ainsi elle lui faisoit , de cette manière , si bien payer ses courses , qu'il auroit dépensé , en peu de tems, la plus grande fortune de l'Angleterre ; aussi à sa mort, qui arriva quelques mois après , ses affaires se trouvèrent-elles dans le plus grand désordre.

Charlotte avoit, avant cet accident, rompu avec Tracey. Elle tâcha de se procurer d'autres admirateurs, aussi complaisans que lui, ce qui n'étoit pas facile à rencontrer ; mais, après une variété de vicissitudes, elle fut enfermée pour dettes. Pendant sa captivité elle fit la connoissance particulière d'un comte qui, après avoir tenu sa liberté, lui procura la sienne. C'est alors que Charlotte forma son établissement dans King's-Place ; elle eut soin d'avoir des marchandises choisies (telle étoit son expression). Ses nonnes étoient de la première classe ; elle leur apprenoit les instructions nécessaires pour le culte de la déesse de Cypris ; elle en connoissoit tous les mystères ; elle savoit aussi fixer le prix d'une robe ou autres ajustemens , celui d'une montre d'une paire de boucles d'oreilles , ou autres menus bijoux. Elle l'établissoit en proportion de la nourriture, du logement et du blanchissage des per- sonnes ; en surchargeant ainsi ses bonnes de dettes , elle se les assuroit: si quelque-unes cherchoient à s'échapper , elle les renfermoit jusqu'à ce qu'elles se fussent acquittées envers elle ; alors ces malheureuses retour- noient à leur devoir, ou cédoient à l'abbesse leurs vêtemens, bijoux, etc. en un mot, tout ce qu'elles possé- doient , afin d'obtenir leur liberté. Tel étoit le pied sur lequel elle avoit établi sa maison.

CHAPITRE IV.

Description des visiteurs de la maison de Charlotte. Etat curieux de différens prix avec plusieurs de ses pratiques. Visite du capitaine T... qui jette le couvent dans le plus grand embarras.

LES visiteurs du sérail de *Charlotte* étoient des pairs débiles, qui comptoient plus sur l'art et les effets des charmes femelles que sur la nature; ils avoient usés leurs passions régulières, si on peut les appeler telles, et ils étoient obligés d'avoir recours, non seulement à la Pharmacie, mais encore à l'aide factice de l'invention femelle; des Aldermans impotens, et autres Lévites riches, qui s'imaginoient que leurs capacités amoureuses n'étoient pas en décadence, tandis qu'ils manquoient de force et de zèle pour pouvoir, sans secours, remplir leurs dévotions envers la déesse de Cypris. Charlotte considéroit de telles pratiques comme des amis choisis, qui, pour posséder des vierges, oublioient la valeur de l'or. Comme ces amoureux visoient à la jeunesse et à la beauté, elle avoit toujours un magasin de vestales qui, par leurs embrassemens innocens, leur procuroit un plaisir inexprimable. *Kitty Young* et *Nancy Feathers* étoient de nouvelles figures que l'on ne connoissoit pas dans la ville, et qui, avec une certaine préparation, pouvoient aisément passer pour des vierges ; elles jouèrent donc le rôle de vestales, et donnèrent, pendant plusieurs mois, des preuves de leurs immaculées virginités.

Voici, à cette occasion, un échantillon de l'état des prix et demandes de ce sérail.

Dimanche, 9 janvier.

Une jeune fille pour l'Alderman *Drybones.- Nell Blossom,* âgée d'environ dix-neuf ans, qui, depuis quatre jours, n'a fréquenté personne, et est dans son état de virginité.

Une fille de dix-neuf ans pas plus âgée, pour le baronet *Harry Flagellum.— Nell Hardy* de Bow-Street.—*Bet-Flourish* de Berners Street, — ou Miss *Birch*, elle-même, de Chapel Street.

Une bonne réjouie pour *lord Spasm.—Black Moll* de Hedge Lane, jouissant d'une santé vigoureuse.

Colonel Tearall une femme modeste. — La servante de madame *Mitchell*, arrivant du pays et n'ayant point encore paru dans le monde. } 10 guin

. Doctor *Frettext*, après l'office, une jeune personne complaisante, affable, d'une peau blanche et ayant la main douce. — *Poll Nimblewrist*, d'Oxford, Martket ou *Jenny Speedyhand* de May-fair. } 2 guin.

Lady Loveit, arrivant des eaux de Bath, trompée dans ses amours avec le lord *Alto*, desire de rencontrer mieux, et d'être bien montée cette soirée, avant de se rendre sur la route de la duchesse de *Basto*. — Le capitaine *O'Thunder* ou *Sawney Rawbone*. } 50 guin.

Son excellence le comte *AL-
ron* — une femme à la mode,
pour la bagatelle seulement
pendant une heure. Madame
O'Smirk arrivant de Dunker-
que ou Miss *Graeful* de Pad-
dington.

Lord *Pyebald*, pour jouer
une partie de piquet, prendre
les tétons et autre chose, sans
en venir à d'autre fin qu'à la
politesse.— Madame *Tredrille*
de Chelsea.

Cet échantillon de prix donne
une idée de la manière dont Charlotte conduisoit ses affaires. On sera
peut-être embarrassé de savoir comment elle s'y prit pour procurer, dans
le même tems, à chacune de ses pratiques, un appartement suffisant pour
les satisfaire conformément à leurs
différens

» avec lui mille guinées que, dans le
» mois, il attraperoit une certaine
» maladie à la mode. »

« Eh bien ! milord, dit Charlotte,
» comment puis-je vous aider dans
» cette affaire ?

» Je vous dirai, repliqua-t-il,
» qu'à ma connoissance, mon rival
» a une liaison criminelle avec ma
» femme. Procurez-moi donc, pour
» demain soir, une personne qui ait
» grandement cette maladie, afin que
» je sois complettement en état de me
» venger de l'infidélité de ma femme,
» et de la bonne fortune de mon rival.

» Dieux ! s'écria Charlotte, qui s'i-
» maginoit qu'il vouloit l'insulter et
» jetter du discrédit sur sa maison. »
» Vous m'étonnez, milord, et me trai-
» tez bien mal, moi qui ai toujours
» pris le plus grand soin de votre santé.
» Je ne connois point, et je ne reçois

» point chez moi des femmes de cette
» espèce. »

Il étoit tems pour milord d'en venir
à une explication plus particulière; pour la convaincre de la verité, il
tira de sa poche son porte-feuille, et
lui présenta un billet de banque de
trente livres sterling. Cet espèce d'a-
vocat fit sur Charlotte son effet ordinaire ; elle l'écouta avec plus d'attention, et promit de lui procurer un
objet conforme à ses souhaits. Le
lendemain la consommation heureuse
s'ensuivit, et, au bout de quinze
jours, le mari injurié fut convaincu
que la double inoculation avoit eu
tout l'effet qu'il en avoit desiré. Quelque tems après, l'associé de son lit
parut en public ; milord lui demanda
le prix de la gageure, qu'il paya immédiatement afin de ne pas entrer en
discussion sur cette affaire.

(41)

Nous voyons dans quelle variété de services, Charlotte étoit obligée de s'engager ; elle étoit nécessitée de produire des vierges qui, depuis long-tems, ne l'étoient plus ; des femelles disposées à satisfaire de toutes les manières possible le caprice imaginaire de la chaire ; des maîtres de poste pour les dames, capables de donner les leçons les plus sensibles à la garantie d'une minute près.

Vers les neuf heures du soir, Charlotte, après avoir arrangé tout son monde, étoit occupé à préparer un bon souper, lorsqu'une des servantes, en allant chercher de la bierre, laissa imprudemment la porte de la rue ouverte. La capitaine Toper, la tête un peu échauffée, sortoit de la taverne ; il entre sans être attendu, il monte, il ouvre la porte de la chambre des postes : le capitaine O'Thunder, par

un oubli national, avoit oublié de mettre le verrou, et Lady Loveit étoit
trop pressée pour avoir pensé à une
pareille bagatelle. Le capitaine Toper
apperçoit, sur le sopha, O'Thunder et
la dame en défi amoureux; elle étoit
entièrement livrée à ses desirs passionnés, et ressembloit beaucoup à
la Vénus de Médicis. Leur surprise
fut extrême de voir entrer Toper qui,
au lieu de se retirer, fixoit avec ravissement les charmes de la dame et
s'écria avec extase : « C'est un ange,
» grands dieux ! » Monsieur O'Thunder, quoique Irlandais, étoit si con-
fondu et si honteux, qu'il ne savoit
que dire ni que faire; à la fin il s'é-
crie : « Il est impertinent d'interrom-
» pre ainsi les gens dans leurs amu-
» semens particuliers. » En disant
ces mots, il saute en bas du sopha,
il saisit Toper par le col, et l'assomme

d'une grêle de coups de poing. La dame jette des cris affreux ; chacun, effrayé du bruit, sort avec précipitation de sa retraite ; le doctor Fret-Text court, ou plutôt roule en bas des escaliers avec sa culotte à moitié déboutonnée, et sa chemise à moitié pendante ; Poll Nimblewrits, sans fichut et ses jupons à moitié relevés ; l'Alderman Drybones paroît avec un torrent de tabac qui ruisseloit de son nez dans sa bouche. Le comte Alto exprime sa surprise en disant : « Dian- » tre, quel fracas pour une maison » si bien réglée. » Le lord Pyebald vient avec ses cartes dans sa main, grandement mortifié d'avoir perdu son coup quoiqu'il ne joua rien. Le colo- nel Tearall, avec sa modeste dame, paroissent presque *in puris naturali- bus,* croyant que le feu est dans la mai- son. Le lord Spasm tremble comme

la feuille, et, n'ayant point de force,
s'appuie sur Lady Loveit. La pauvre
Charlotte s'évanouit, elle craint que
sa maison et la réputation de Lady
Loveit ne souffrent de ce scandale.

Il fut aussi-tôt résolu, par toutes
les parties, que le capitaine Toper seroit invité de sortir ; et, dans le cas
de refus, que l'on l'y forceroit.
O'Thunder se chargea de cet emploi
s'il en étoit nécessaire ; mais le capitaine Toper, qui étoit roué de coups,
ne balança pas à se retirer.

CHAPITRE V.

Moyens qu'emploie Madame Mitchell pour tirer profit de son commerce ; Aventures de Miss Palmer. Sa connoissance avec Madame Mitchell. Situation allarmante suivie d'une découverte très-extraordinaire. Conséquence agréable de cette affaire en faveur de Miss Palmer.

Pour varier le sujet, nous allons transporter la scène dans la maison de madame Mitchell ; son principal commerce étoit moins avec la noblesse qu'avec les bourgeois, et souvent avec leurs épouses ; elle avoit le plus grand soin de leur donner des marchandises choisies ; elle considéroit que la réputation de sa maison dépendoit de

cette circonstance; elle étoit constamment à l'affut des jeunes personnes qui se dégoûtoient de la rigueur
de leurs parens, où qui, par un faux
pas irréparable, se réfugioient chez
leurs amies, et abandonnoient le sen-
tier de la chasteté pour prendre le
chemin de la destruction.

Miss Palmer étoit la fille d'un gros
négociant de Londres; il étoit veuf;
voulant établir sa fille avant de se
remarier, il avoit trouvé pour elle,
comme il se l'imaginoit, un parti très-
avantageux dans la personne d'un
marchand Portugais extrêmement riche. Cette jeune personne entroit dans
sa dix-septième année; elle étoit fort
jolie et très-grande pour son âge.
Elle avoit les yeux d'un beau bleu,
qui exprimoient modestement les émo-
tions de son ame, et qui auroient en-
flammé le cœur d'un hermite, et lui

auroient fait oublier sa cellule et ses vœux célibataires ; en un mot , toute sa personne étoit calculée pour inspirer au plus haut degré possible la passion la plus tendre.

Son mari futur avoit près de cinquante ans ; la nature ne l'avoit favorisé ni d'une figure agréable ni d'une tournure satisfaisante : comme il avoit passé le printems et l'été de sa vie dans les climats brûlans, qui ne sont pas très-favorables au teint, le sien étoit bien différent de celui des Européens ; pendant le cours de ses voyages il avoit contracté un genre de caractère dur, qui sembloit être étranger aux passions les plus nobles, et aux sentimens délicats du cœur. Il n'est pas étonnant qu'un tel homme ne plut pas à Lucy ; elle refusa d'obéir aux ordres de son père ; mais ses mandats étoient irrévocables ; les sollicitations et les plus tendres supplications de cette belle fille ne purent le faire changer de résolution ; envain elle demanda, à genoux, quelque jours de répit pour se préparer à ce terrible sacrifice ; celui de son mariage fut irrévocablement fixé, avec injonction de se tenir prête au jour indiqué : dans cet état embarrassant, elle prit un parti désespéré ; elle résolut de s'échapper, et elle mit son projet à exécution la nuit avant le jour de ses noces.

Sa marchande de modes logeoit à l'extrémité de la ville, vers Berkeley-Square. C'étoit une femme qui possédoit ces artifices femelles calculés, pour tromper l'innocence, et qui sacrifioit son sexe pour un petit gain. Elle s'étoit attiré la confiance de Lucy Palmer par sa flatterie, ses assiduités et ses affections apparentes

d'attachement : ce fut donc chez cette amie imaginaire qu'elle se rendit ; elle avoit emporté avec elle les hardes et le linge qui lui étoit nécessaire, et l'argent qu'elle avoit amassé de ses épargnes. Madame *Crisp*, (ainsi s'appeloit cette marchande de mode) reçut Lucy très-amicalement ; elle la caressa comme si elle eut été son enfant. Dès qu'elle eut appris toutes les circonstances de son aventure, et la cause de sa démarche téméraire, elle approuva fort sa conduite, et lui dit qu'elle auroit agit précisément de la même manière si elle se fut trouvée dans une situation pareille ; « sur-tout, ajouta-t-elle, si
» elle eût été assurée de se confier à
» une amie, telle qu'elle se flattoit
» d'être à son égard. »

La consolation que Miss Palmer reçut de cette femme artificieuse,

E

soulagea beaucoup la fugitive infortunée ; elle reprit bientôt sa gaieté
ordinaire. Peu de jours après son éva-
sion , Madame Crisp l'engagea à venir avec elle rendre une visite à une
de ses amies particulières , qu'elle
lui représenta comme une femme de
bonne société et très-aimable.

Lucy se laissa aisément persuader,
d'autant plus qu'elle avoit été forcée
de garder la maison pendant plusieurs
jours , de crainte d'être apperçue ;
car son père avoit envoyé son signa-
lement dans les papiers publics , et
promettoit une récompense considérable à quiconque la découvriroit.

Madame Crisp fit venir une voiture et dit au cocher de les conduire
au *Pall-Mall*. Madame Mitchell les
reçut avec beaucoup de politesse.
Cette dame avoit été informée d'a-
vance, par son amie Crisp, de l'histoire

de Miss Palmer, et elle espéroit d'être bientôt en possession de ce trésor.

Le thé, le café, les confitures, et des rafraîchissemens de toute espèce, furent donnés avec la plus grande profusion. Miss Palmer devoit s'en retourner avant le souper. Madame Mitchell les engagea très-fort à passer la nuit chez elle; elle leur objecta, pour raison valable, que le tems étoit extrêmement vilain, et qu'il seroit presqu'impossible de leur procurer une voiture. Lucy refusa d'abord de demeurer, mais elle fut bientôt vaincue par madame Crisp, qui lui dit que c'étoit pour elles une invitation d'autant plus heureuse qu'elle avoit entièrement oublié que l'on devoit, le lendemain matin, mettre son appartement en couleur. Ce stratagême eut l'effet desiré, c'est-à-dire, qu'il décida Lucy à passer la nuit chez la mère Mitchell.

Miss Palmer se disposoit à se lever le lendemain de bonne heure, lorsque madame Crisp, son compagnon de lit, lui conseilla de rester couchée jusqu'à son retour, vu que la maîtresse de la maison ne déjeûnoit qu'à onze heures, et qu'elle alloit, pendant cet interval de tems, porter plusieurs ajustemens à la duchesse de A....s. Lucy demeura donc dans l'appartement jusqu'au moment où madame Mitchell la fit prier de passer dans sa chambre, où le déjeûner étoit servi. Le tems de ce repas fut long. Madame Mitchell pressa Lucy de prendre des liqueurs, mais elle s'en excusa poliment. A la fin, le moment du dîner arriva, et madame Crisp n'étoit pas encore venue. Lucy commença alors à devenir pensive, sans avoir le moindre soupçon du piège qu'on tendoit à sa vertu. Madame

Mitchell reçut dans ce moment une lettre de madame Crisp, qui l'informoit qu'elle s'étoit trouvée très-mal chez madame la duchesse; qu'il lui étoit impossible de venir reprendre la jeune personne, et qu'elle lui demandoit, comme une faveur particulière, de la garder chez elle, et d'en avoir le plus grand soin jusqu'à ce qu'elle fut en état d'être transportée chez elle. Madame Mitchell n'eut pas plutôt fait la lecture de cette lettre à Miss Palmer, qu'elle büt à la meilleure santé de madame Crisp, et engagea Lucy de suivre son exemple. Cette jeune personne accepta avec une sorte de répugnance la proposition; elle n'eut pas plutôt avalé la liqueur, qu'elle s'apperçut que c'étoit un verre d'eau-de-vie, qui lui fit un si prompt effet sur ses sens, que ses yeux s'appesantirent

E 2

aussitôt de sommeil, et qu'élle ne s'é-
veilla que lorsque Madame Mitchell
vint la prévenir qu'un de ses amis
particuliers étoit en bas, et desiroit de
lui parler. Miss Palmer ne fut pas
plutôt revenue à elle, qu'elle s'ima-
gina que c'étoit Madame Crisp qui la
faisoit demander.

Dès que Madame Crisp se vit en
possessiou de la personne de Miss
Palmer , elle se transporta , sur-le-
champ , chez la mère Mitchell , pour
l'informer de l'hôte aimable qu'elle
avoit chez elle , dont elle lui fit la
parfaite description de sa beauté et de
ses perfections. Madame Mitchell remarqua immédiatement l'avantage
précieux qu'elle pourroit retirer de
cette interressante demoiselle. Elle
répondit qu'elle avoit dans la ville
un ami intime , negociant très-riche ,
qui , desirant depuis long-tems pos-

séder un pareil objet, lui avoit, à ce sujet, donné carte blanche : que si elle vouloit se prêter à la circonstance, elle lui donneroit, outre son droit de courtage, un beau présent. Les conditions furent agréées, le plan exposé et mis, comme on le voit, à exécution. Madame Mitchell avoit donc écrit dès le matin au négociant, qui lui avoit répondu qu'il se rendroit ponctuellement le soir chez elle, pour voir la belle inconnue.

Dans cette crise, on jugea nécessaire d'amener de loin la fourberie. Afin de prévenir les soupçons et les rougeurs de la modestie, on conduisit Lucy dans une chambre sombre, où le négociant ne pouvoit pas être apperçu. Miss Palmer en y entrant, s'écria : « Bon dieu ! Madame Crisp, » que vous avez été long-tems à re- » venir.... que je suis aise de vous

» voir. — Et moi aussi, » repliqua le négociant qui, saisissant la belle innocente par la main, la jetta sur un sopha, et prit avec elle des libertés qui, bientôt, convainquirent Lucy de sa situation réelle, et de son danger imminent ; elle se débattit et appela, envain à son secours ; à la fin ses forces lui manquèrent, et elle dit d'une voix balbutiante : « Sauvez- » moi.... Oh ! sauvez-moi.... si vous » êtes un homme, un chrétien ou » un parent ! » La mère Mitchell croyant que le sacrifice étoit suffi- samment fait, parut avec des lumiè- res ; le sourire d'approbation et de désapprobation étoit peint sur sa fi- gure ; le cruel spoliateur se précipita en bas de la couche de l'incest.... c'étoit son père !

Quelle situation extraordinaire, critique et terrible. M. Palmer tomba aux genoux de sa fille, et, les larmes aux yeux, la supplia de lui pardonner. Ce traitement barbare et inattendu, l'étonnement d'une pareille découverte, confondirent tellement la raison de Lucy, qu'elle perdit l'usage de tout sentiment. On la transporta, sans connoissance, dans la maison de son père. Lorsqu'elle revint à elle, elle trouva, sur une chaise qui étoit près de son lit, une lettre cachetée, dont voici la teneur :

« Ma chère, douce, innocente et
» trop injuriée fille :

« Quelle apologie puis-je faire
» pour les injures et les insultes ré-
» pétées que vous avez reçues de
» moi ? — Vous étiez, en effet, sur
» le bord de l'abîme, et peu s'en est
» fallu que votre père n'ait été le
» destructeur de sa fille. Combien
» je suis heureux de découvrir, par

» ces différentes circonstances, et d'a-
» près mes plus strictes recherches,
» que vous êtes toujours vertueuse!..
» Puissiez-vous toujours l'être est ma
» prière la plus fervente !

   » Pour l'expiation de mes fautes,
» de mes erreurs, de mes crimes et
» de mes vices, vous trouverez inclus
» des billets de banque pour la somme
» de six mille livres sterlings : dis-
» posez-en à votre gré. Epousez
» l'homme que votre cœur aura
» choisi; qu'il puisse apprécier votre
» mérite et vos vertus ! alors je dou-
» blerai cette somme pour votre dot.
» Vous voir parfaitement heureuse
» est tout mon espoir. »

   Je suis,

plus que les mots ne peuvent l'expri-
mer , ect.

CHAPITRE VI.

Préparation de Kitty Nelson pour faire une attaque régulière sur la personne d'un certain Ambassadeur. Catastrophe malheureuse. Sa connoissance avec Monsieur O'Fl-ty.

KITTI NELSON avoit été pendant quelque tems chez Madame Goadby ; elle s'étoit établie à son compte. Son Excellence le comte S... A... lui avoit rendu plusieurs visites et fait des petits présens ; il lui avoit communiqué qu'il l'établiroit avantageusement si elle vouloit embrasser sa religion ; mais malheureusement, elle ne répondit point à ses sollicitations. Ayant donc appris que l'ambassadeur venoit de rompre avec Lady C... elle ré-

solut de reconquérir son ancien admirateur ; alors s'habiller le plus
avantageusement possible ; se rendre
dans la chapelle de son excellence, et
s'y placer de manière à attirer son
attention ; enfin y paroître aussi dévote qu'une Madeleine : tel fut son
plan.

En conséquence, elle se leva de
bon matin ; elle envoya chercher son
coëffeur, et commença les opérations
de sa toilette vers les huit heures.
Tandis que le perruquier étoit occupé
à arranger ses cheveux, elle consul-
toit attentivement son miroir fidèle.
Desirant surpasser toutes les beautés
dévotes, en fait de teint, elle n'é-
pargna point la collection de rouge
et autres couleurs employées dans de
pareilles circonstances. Vers les onze
heures, elle paroissoit, suivant son
opinion, une Vénus parfaite. Elle

étoit entièrement assurée de subjuguer son excellence. Elle avoit, pour cet effet, étudié les sourires, minauderies et agaceries qu'elle se proposoit de mettre en usage pendant ses œillades religieuses.

Elle partit enfin ; elle s'apperçut en chemin qu'elle avoit oublié son livre de prières, qui étoit la seule marque religieuse qu'elle eût dans le monde : il étoit cependant important pour elle de l'avoir ; elle retourna promptement chez elle, et arriva justement au moment ou la messe alloit commencer. Comme elle entroit dans la chapelle, avec un air très-décent, elle fut reçue d'une manière à laquelle elle ne s'attendoit pas ; une dévote très-zélée, ayant observé qu'elle n'avoit pas pris d'eau-bénite, lui en offrit honnêtement, mais en une si grande quantité, que la dose la fit

F

évanouir en apparence ; car dans cet instant, l'eau avoit fait sur elle un effet bien différent de celui qu'il auroit occasionné dans un autre moment : la vérité est que sa frayeur fut occasionnée par les déprédations que cette inondation inattendue sur sa figure avoit opéré sur ses charmes. Le rouge couloit d'un côté, le blanc de l'autre, ce qui formoit deux petits fleuves de rouge et de blanc qui ruisseloient le long de son col. Les graces furent aussi-tôt abolies ; la Vénus fut détruite ; et la malheureuse Kitty qui, quelques instans auparavant, paroissoit plus belle qu'un ange, redevint, par ce saint déluge, une femme ordinaire.

Cette aventure produisit dans le premier moment un peu de bruit dans la chapelle. On reconduisit Kitty à sa voiture, qui, de retour chez elle, envoya chercher son chirurgien ; elle reprit peu à peu l'usage de ses sens ; mais malheureusement elle se regarda dans la glace ; elle fut épouvantée du dérangement de sa figure, qu'elle tomba dans des accès violens, dont on ne put la faire revenir que par la saignée.

Cet accident dérangea beaucoup le plan religieux de Kitty qui se proposoit de ne point l'abandonner, et espéroit être plus heureuse dans une autre attaque. Malgré le désordre et la confusion que son évanouissement apparent avoit produit sur ses sens, elle avoit cependant reconnu dans l'aumonier de son excellence, un gentilhomme Irlandais, nommé *O'F-ty*, qui venoit la voir très-fréquemment ; ce qui lui donna quelqu'espoir de réussite : effectivement il vint, quelques jours après, lui faire une

visite ; dans le cours de la conversation, il lui parla de l'aventure arri-
vée dans la chapelle de l'ambassadeur;
il ne savoit pas qu'il s'adressoit à
l'héroïne du sujet. Kitty lui avoua
naturellement qu'elle étoit la dame
en question, et lui confessa le motif
qui l'avoit déterminée à se rendre à
la chapelle de son excellence ; elle le
conjura de lui être favorable dans sa
nouvelle entreprise ; il le lui promit.

Nous donnerons dans un autre Chapitre la suite de cette aventure.

CHAPITRE VII.

Trio de Génies au café de St. James. Monsieur Chace Price lit une relation curieuse et spirituelle du couvent de Charlotte Hayes, contenant les miracles opérés par cette dame, ainsi que les lois et constitutions de ce séminaire. Résolution prise de visiter ce couvent.

S~AM~ F~OOTE~, (le fameux comédien) *Chace Price et George Sel..n*, étant au café de St. James, monsieur Price leur dit qu'il venoit de lui tomber entre les mains une relation curieuse du couvent de Charlotte Hayes, et que s'ils le vouloient, il leur en feroit la lecture : volontiers, s'écrièrent Sa-

muel et *George* : Il lut comme il suit :

« Relation authentique du monas-
» tère de Sainte Charlotte.

» Plusieurs institutions importantes
» et louables sont ignorées par l'effet
» d'une timidité qui accompagne
» toujours la vertu et la modestie,
» tandis que des entreprises de moin-
» dre importance sont recommandées
» à l'attention du public par l'impu-
» dence et la présomption ; car c'est
» ordinairement en proportion du mé-
» rite supposé des candidats que l'on
» en impose.

» Il est de mon devoir de devenir
» le défenseur d'une institution qui
» a ses avantages politiques et civils.
» Les parens et les tuteurs ne seront
» plus en peine d'envoyer leurs filles
» ou leurs pupilles dans les couvens
» de Saint-Omer ou de Lille, lors-
» qu'ils seront assurés de trouver ici

» tous les avantages de leur éduca-
» tion, en les plaçant dans un sémi-
» naire fondé par une de nos com-
» patriotes, dans la partie la plus
» agréable de la capitale. On n'y
» adopte point les préjugés ni les er-
» reurs étrangères ; et, tandis que
» l'on inspirera à ce sexe aimable les
» sentimens de la liberté anglaise,
» nos trésors alors ne sortiront point
» de notre île, et ne passeront point
» dans d'autres royaumes. Cette ins-
» titution est actuellement en activité,
» et est située près de Pall-mall.

» Cet établissement fut fondé par
» une sainte qui existe encore, et dont
» il porte le nom. A en juger par les
» miracles qu'elle a déjà opérés,
» et qu'elle fait journellement, il
» n'y a point de doute qu'elle ne soit
» incessamment canonisée, et que
» son nom ne soit inséré dans le ca-

» lendrier ; ce dont le lecteur con-
» viendra d'après la lecture suivante.

» Liste des miracles opérés et faits
» journellement par Sainte Char-
» lotte.

» Elle change en un instant les Gui-
» nées en vins de Champagne, de
» Bourgogne ou punch.

» Elle guérit le mal d'amour, et
» par sa touche apprivoise le cœur le
» plus sauvage.

» Elle fait passer la beauté des
» dames, et donne de la beauté et des
» graces à celles qui n'en ont point.

» Elle donne aux vieillards qui se
» croyent gais, la vigueur de la jeu-
» nesse ; et elle change les jeunes
» gens en vieillards.

» Elle a un spécific particulier pour
» porter une femme à haïr son mari,
» et à faire un prompt divorce.

» Elle administre l'absolution dans

» les cas les plus désespérés , sans
» confession.

» Elle possède la pierre philoso-
» phale , et, au grand étonnement de
» ses visiteurs , elle change *la forme*
» *la plus grossière* en *l'or le plus*
» *pur,* par un procédé aussi vif qu'in-
» exprimable; lequel a échappé à la
» découverte de tous nos chymistes ,
» alchymistes, etc.

» Ayant ainsi démontré ses pou-
» voirs miraculeux qui lui donnent
» tant de droits pour être rangé
» au nombre des saints modernes ,
» nous allons maintenant parler des
» lois , constitution , réglemens et
» mœurs de ce séminaire.

» Toute sœur qui prend le voile
» doit être ou jeune ou belle ; si elle
» réunit ces deux qualités , le sacri-
» fice de sa personne en est mieux
» considéré par la *déesse Vénus* ,

» à qui cette institution est dédiée.
» Elle ne doit pas beaucoup connoî-
» tre le monde ; et si elle n'y a pas
» eu de grande intimité, l'abbesse
» la juge digne d'être admise au rang
» des candidats.

» Elle ne doit pas être mariée, ni
» avoir aucun amant favori ; si par
» hasard il lui restoit dans le cœur
» quelque tendre attachement, elle
» doit aussi-tôt se soumettre à la
» touche miraculeuse, afin d'en ob-
» tenir une parfaite guérison.

» Comme les frères des séminaires
» adjacens viennent visiter leurs
» sœurs de la manière amicale qui
» convient à leurs caractères, dans
» le dessein de les convertir et d'ap-
» porter du soulagement à leur ame ;
» de même les sœurs, en pareilles
» occasions, doivent ouvrir leurs seins
» et ne rien cacher à ces dignes frères.

» Comme les richesses de ce monde
» sont au-dessous de l'attention des
» dévotes qui se sont séquestrées dans
» ce cloître, la digne patronne,
» sainte Charlotte, s'approprie, à
» cet effet, tous les présens, dons
» et possessions des sœurs, d'une
» manière tout-à-fait édifiante, afin
» de ne point exciter en elles la va-
» nité ou l'ambition.

» Sainte Charlotte, en formant cet
» établissement glorieux et vertueux,
» ayant en horreur les infidèles et
» leurs lois, n'en admet aucuns
» dans le couvent ; elle n'aime point
» les coutumes des Turcs qui défen-
» dent de boire du vin ; elle en per-
» met au contraire l'usage, sur-tout
» dans les instans ou l'on sacrifie à
» la déesse ; ces momens, devant être
» regardés, par la communauté, com-
» me des jours de fêtes qui doivent

» être distingués en lettres rouges
» dans le calendrier du séminaire.

» Sa sévérité ne s'étend point à
» priver les sœurs de la jouissance
» des plaisirs raisonnables et inno-
» cens : sous ce rapport, elle consi-
» dère les représentations dramati-
» ques de toute espèce ; elle leur
» permet de visiter souvent les théâ-
» tres, et même l'opéra. Elle a loué
» à cet effet, dans chacun de ces en-
» droits, une loge particulière, sous
» la dénomination de séminaire de
» *sainte Charlotte*. Comme les jé-
» suites irlandais, et autres prêtres
» de ce pays, sont en grand nombre
» dans cette capitale ; et que ces prê-
» tres sont connus pour être pauvres
» et dans le besoin, elle avertit par-
» ticulièrement les sœurs de ne point
» se confesser à aucun des frères de
» ce royaume, excepté le prieur du
» monastère

» monastère qui, quoique natif d'Ir-
» lande, vient souvent pour des rai-
» sons particulières, faire l'instruc-
» tion dans son couvent.

» Comme la dévotion fervente des
» nonnes est un objet de la plus
» grande attention, elles ne doivent,
» sous aucun prétexte quelconque,
» en être détournées par leurs autres
» sœurs, ni par les domestiques de
» la maison.

» Si quelque frère essayoit d'en-
» lever quelque sœur du couvent, il
» doit aussi-tôt subir sur le pupitre
» le châtiment le plus exemplaire,
» et être chassé à perpétuité du sémi-
» naire.

» Il est jugé convenable pour le
» bon ordre et réglement de la so-
» ciété, que les sœurs ne communi-
» quent point avec celles des autres
» communautés.

Tome I.   G

» Aucune femme ou demoiselle ne
» peut être admise dans la commu-
» nauté sans avoir des lettres de re-
» commendation sur leur chaste mo-
» ralité, et leurs vertueuses disposi-
» tions; ces lettres doivent être écrites
» par les personnes qui ont donné des
» preuves incontestables de leur atta-
» chement à ce séminaire.

» Sainte Charlotte, qui considère
» l'exercice très-nécessaire à la santé,
» visite fréquemment les endroits pu-
» blics, et se promène fort souvent
» dans les rues de la capitale avec
» deux ou trois de ses nonnes. Ces
» exemples de beauté naissante, dé-
» vouée à la vertu et à la vie mo-
» nastique ; la satisfaction et la gaieté
» exprimées dans leur aimable conte-
» nance , lui procure un grand nom-
» bre de jeunes personnes qui, édi-
» fiées de ses bons principes, se sacri-

» fient à la déesse dont elle est la
» prêtresse.

» Lorsque le tems ne permet pas
» les promenades à pied, alors elle
» sort toujours accompagnée de quel-
» ques-unes des ses vestales, dans un
» brillant équipage appartenant au
» couvent, afin d'attirer constamment
» l'attention des passans.

» Les heures des sœurs pour le
» coucher et le lever sont différentes ;
» elles sont relatives aux vigiles
» qu'elles doivent observer , et au
» nombre des saints qu'elles doivent
» fêter : car, à cet égard, Sainte Char-
» lotte est très-rigide , et dans le cas
» de quelque manque, ne leur fait
» pas de rémission. Dans les jours
» non fêtés , la plus grande régula-
» rité et le décorum le plus strict,
» sont observés ; alors les nonnes se
» trouvent toutes réunies aux heures
» réglées du couvent.

» Ces vigiles et ces prières étant
» considérées comme le principal éta-
» blissement de cette institution,
» rien ne peut donner de plus grande
» satisfaction à Sainte Charlotte que
» de trouver dans chaque sœur cette
» ferveur et dévotion qui caractéri-
» sent particulièrement cet ordre ;
» mais comme l'approbation de leurs
» confesseurs est, dans ces occa-
» sions, généralement témoignée par
» une croix en diamans, ou quel-
» ques autres présens de prix, alors,
» il est permis à chacune des non-
» nes, tant qu'elle reste dans le sé-
» minaire, de porter ces croix, en
» forme de collier, sur leur sein.

» Comme cette institution n'est
» pas trop rigide, et qu'on n'y envi-
» sage que l'éducation agréable du
» sexe, on n'y interdit point la mu-
» sique et la danse ; au contraire, il

» y a des maîtres attachés au couvent
» qui enseignent ces deux arts, dont
» la plupart des sœurs ont tiré le
» plus grand avantage : on y joue à
» chaque instant de la guitare, et on
» y exécute des cotillons, et même
» le menuet de la cour, avec une ré-
» putation sans pareille.

» Il y a un docteur attaché au
» monastère qui, suivant l'occasion,
» agit doublement comme médecin
» et confesseur ; il ne prend point
» d'honoraires.

» En un mot, tous les plaisirs in-
» nocens d'une vie agréable, et la fé-
» licité sociale, règnent, sans mélange,
» dans ce séminaire qui n'a rien de
» cette austérité, ni rigueur monacale
» des couvens étrangers. »

Dès que monsieur Price eut fini sa
lecture, toute la compagnie le croyant
l'auteur de cette composition facé-

tieuse, le remercia du plaisir qu'il lui avoit procuré. Il fut ensuite résolu d'aller, le soir même, faire une visite à Sainte Charlotte et à ses nonnes: et nous ne manquerons pas d'accompagner les trois Génies dans le séminaire.

CHAPITRE VIII.

Messieurs Foote, Chacy et S..l.yn, visitent le couvent de Charlotte Hayes. Leur réception. Description des nonnes qu'ils y trouvent, et de leur conversation. Abregé des mémoires de la comtesse de Médine. Ses aventures extraordinaires et son héroisme. Miss H..y..d prouve qu'elle est cantatrice et actrice; elle est beaucoup applaudie. Foote l'engage pour son théâtre.

Les trois Génies se rendirent donc au tems prescrit dans la maison de Charlotte qui les reçut avec beaucoup de politesse. Après les complimens de part et d'autre, Samuel Foote dit à madame Hayes que ses amis et lui

étoient venus, d'après la lecture qu'on
leur avoit faite des règles et lois de
son séminaire , qui lui paroissoient
extrêmement judicieuses , et heureusement calculées pour l'avancement
de la décence , du décorum et du
bon ordre. L'abbesse le remercia poliment de son honnêteté. Samuel Foote
lui ayant demandé à voir quelques-
unes de ses nonnes , elle lui dit que
Clara Ha.w.d finissoit sa toilette, et alloit paroître dans le moment; que Miss
Sh...ly avoit prié avec tant d'ardeur
ce matin , que pour rétablir ses sens
agités , elle prenoit du repos ; que
Miss *S..d.m* étoit dans ce moment con-
fessée par un vieux baronet qui constamment la visitoit deux fois par se-
maine ; et que Miss *W..lls* et Miss
Sc...tt étoient allées à la comédie ;
mais que si elles n'y rencontroient
pas quelques frères, elles reviendroient

aussi-tôt que la pièce seroit ache vée.
endant cette conférence, la cloche
onna, et on annonça la visite de la cé-
lebre comtesse de Médine. Monsieur
Price qui avoit beaucoup entendu parler de cette dame , comme un phéno-
mene de la galanterie femelle , pria
l'abbesse de la leur présenter, ce qu'elle
lui promit ; deux secondes après , la
comtesse parut : après les salutations
usitées , Samuel Foote lui présenta
un verre de vin de Champagne qu'elle
accepta sans cérémonie. Monsieur
Price , qui brûloit d'apprendre quelques particularités de sa vie, la pressa
sur cet article, et elle lui fit la courte
narration de ses aventures , de la manière suivante.

« Mon origine est d'une ancienne
» et illustre maison de *Castille*, des-
» cendante en ligne directe de la fa-
» mille royale. Je reçus dans ma jeu-

» nesse une éducation conforme à
» naissance ; outre les talens que l'o
» donne à notre sexe, j'appris à fai
» des armes ; et j'étois regardée u
» des meilleures lames de *Tolède*. Ce
» art, que je possédois au suprê
» degré, donna à mon esprit le goû
» de la chevalerie, qui fut bien
» encouragé par la lecture des ou-
» vrages de ce genre. J'avois déjà u
» grand nombre d'adorateurs : dé-
» couvrant donc en moi la forte pas-
» sion de satisfaire des desirs amou-
» reux, je résolus, quoique ce fu
» contraire à l'usage ordinaire des
» héroïnes, de me marier ; non pas
» tant pour contracter une haute al-
» liance, avoir des titres et des liai-
» sons de famille, que pour épouser
» un homme à qui je pensois que je
» serois fidèle en raison de sa vi-
» gueur. Enfin le comte de Médine

parut être à mes yeux entièrement
l'unique souhait de mon cœur ; il
étoit grand et taillé comme un
athlète ; il avoit une contenance
engageante ; j'avois remarqué en
lui quelque chose de plus attrayant
que tout le reste. Le mariage eut
lieu ; je m'imaginois dans ce moment être la femme la plus heureuse du monde ; je me figurois
dans ses couleurs les plus attrayan-
tes, les félicités du lien conjugal.
Le jour de notre hymen, quoique
le plus fortuné, me parut le plus
long de ma vie : enfin la nuit arriva ; et après les cérémonies usitées en pareilles occasions, nous
nous mîmes au lit. Mais, hélas !
quel fut mon mécontentement, mon
chagrin, ma mortification de trouver que ce que j'avois tant remarqué
d'attrayant, en sa personne, que

» ce qui m'avoit promis tant de plai-
» sir, n'étoit ni plus ni moins *qu'une
» violente rupture.* »

A cette expression toute l'assem-
blée ne put s'empêcher de rire ; et
après une petite pause, Samuel Foote
dit, qu'il supposoit qu'une *rupture*
en produisoit bientôt une autre.

La comtesse répondit dans l'affir-
matif ; elle reprit, que se trouvant
ainsi trompée et imposée, elle ne
voulut jamais habiter avec le comte,
qu'elle en déduisa les raisons à ses
parens femelles qui approuvèrent sa
conduite. Qu'elle fit bientôt après
une connoissance particulière avec
un jeune officier, qui, fatigué de
l'état d'une vie inactive, avoit résolu
de se rendre, comme volontaire, dans
l'armée française, qui alors étoit en
Flandre ; qu'elle l'accompagna de la
même manière, et que, pour cet effet,

elle s'habilla en militaire, et partit
pour cette expédition héroïque.

« Je fus, continua-elle, à la plus
» grande partie des batailles et sièges
» qui terminèrent les guerres de Flan-
» dre, et je m'acquittai si bien de
» mon devoir, comme volontaire, que
» je fus honoré d'un grade. Mon atta-
» chement étoit si grand pour l'idole
» de mon cœur, pour *dom Pedro del*
» *Cuiso*, l'associé de ma fortune et de
» mon bonheur, que j'envisageois d'un
» œil jaloux, toutes les personnes de
» mon sexe avec lesquelles il parloit.
» Etant à Lille, il forma une liaison
» avec la femme d'un colonel. J'avois
» de trop forte raison pour ne pas soup-
» çonner la fidélité de mon amant, car
» je le surpris dans une position avec
» Madame *la T...che*, qui ne me laissa
» plus de doute sur son inconstance ;
» je le sommai de me rendre raison de

H

» l'injure qu'il m'avoit faite ; il me
» railla pendant quelque tems, et
» me dit qu'il ne pouvoit se battre
» contre une femme. Je tirai mon
» épée et je lui ordonnai de se défen-
» dre : les suites du combat furent
» terribles, il me blessa au sein ;
» mais, hélas ! je lui portai un coup
» fatal qui le jetta à terre. — J'allai
» chercher du secours, et je lui en-
» voyai sur le champ un chirurgien.
» Quant à ma blessure, (en disant
» ceci elle ouvrit son sein, et nous la
» montra) je n'y fis point d'attention,
» quoique mon chirurgien appré-
» henda beaucoup pour mes jours.
» Etant rétablie, et la campagne
» étant achevée avec la guerre, je
» passai en Angleterre. Comme je
» possédois une somme considérable
» en argent, je pris équipage ; je
» donnai un libre essort à mes desirs

» amoureux avec tous les beaux ca-
» valiers qui se présentoient à ma
» vue ; je fournissois, dans l'occa-
» sion, à leur entretien, jusqu'à ce
» qu'enfin je commençai à m'apper-
» cevoir qu'il ne me restoit plus rien.
» Il étoit tems alors de penser à
» lever des contributions avec mes
» charmes. J'avois à peine formé
» cette pieuse résolution, que le
» lord *Pyebald* se présenta : il s'in-
» troduisit chez moi sous un nom
» supposé, et passoit pour un négo-
» ciant. Je ne connoissois ni sa per-
» sonne ni son caractère ; mais je
» découvris bientôt qui il étoit, car,
» à la première rencontre il me man-
» qua. »

George S..l..n observa que c'étoit
bien là son caractère, et que le lord
avoit manqué plus de femmes que
tout le pairage d'Angleterre ensem-

ble, sans en excepter le lord *Fumble* de Stable-yard.

Alors Clara entra ; et comme M. Price avoit suffisamment satisfait sa curiosité, la conversation changea. On pria donc Miss *H..yw..d* de chanter, ce qu'elle fit à la satisfaction générale de toute la compagnie. Madame Hayes dit que Clara étoit une excellente actrice ; Foote la pria de lui réciter quelques morceaux ; après quelqu'hésitation, elle déclama avec tant d'art une scène de la Belle Pénitente, que *Samuel*, surpris et enchanté de son talent, jura qu'elle joueroit sur son théâtre, si cette proposition lui paroissoit agréable. Clara crut que c'étoit une pure raillerie de sa part, et elle ne lui répondit que par une révérence ; mais, peu de tems après, elle fut engagée au théâtre de Hay-Market, ou elle eut le plus grand succès, et passa ensuite, à la recommandation de Foote, à celui de Drury-Lane où elle obtint les applaudissemens les plus avantageux.

Miss *Sh..d..m* descendit : on la pria de chanter ; elle répondit qu'elle étoit si fatiguée de son opération avec Sir Harry Flagellum, qu'elle demandoit un petit moment de répit pour remettre ses esprits. « J'ai été, dit-elle,
» deux grandes heures avec lui, et
» j'ai eu plus de peine à faire passer
» dans ses veines la ferveur que nous
» avons vouée à la Déesse que nous
» servons, que si j'eusse fouetté la
» plus obstinée de toutes les mules
» des Alpes. »

Chace Price dit qu'il s'étonnoit que la fertile imagination de Charlotte n'eût pas encore inventé une machine propice à ces sortes d'œuvres pieuses ; qu'il lui étoit venu dans l'idée d'en construire une dans le genre de celle qui fut inventée, il y a quelques années, pour raser cent personnes à la fois ; et que d'après un pareil procédé, on pourroit satisfaire, dans le même tems, les souhaits ardens de quarante Flagellums.

Foote fut de cet avis ; puis tournant le projet à l'avantage national, il pensa que ces machines devroient être construites par autorisation de patentes ; et, qu'attendu le rapport énorme qu'en retireroit les propriétaires, il jugeoit nécessaire que le parlement mit un droit considérable sur chacune de ces machines.

Georges S..l..n s'informa ensuite de la virginité des nonnes. L'Alderman *Portsoken* l'avoit assuré hier, à la taverne de Londres, qu'il avoit passé la nuit d'auparavant au couvent de Charlotte, avec une nonne véritablement vierge ; mais qu'il ne pouvoit pas concevoir comment l'*hymen* pouvoit être préservé des assauts perpétuels auxquels il étoit continuellement livré.

Charlotte parut un peu déconcertée ; mais le Champagne agissant en ce moment avec beaucoup de force sur sa personne, elle crut convenable de soutenir la dignité de sa maison, et elle lui répliqua très-injudicieusement : « Que son opinion étoit
» qu'une femme pouvoit perdre sa
» virginité cinq cent fois, et paroître
» toujours vierge ; que le *Dr. O'Patrick* l'avoit assuré, que la virginité pouvoit être rétablie de la
» même manière que l'on fait le boudin ; qu'elle l'avoit éprouvé elle-
» même, et que, quoiqu'elle eut
» perdu la sienne mille fois, et qu'elle
» eut été ce matin même sous la di-

» rection du docteur, elle se croyoit
» une vierge aussi bonne qu'une
» vestale. Que, quand à l'*hymen*
» elle avoit toujours entendu dire
» que c'étoit un dieu, et que par
» conséquent il ne faisoit point par-
» tie de la formation de la femme;
» qu'elle hasardoit donc de dire,
» qu'elle avoit maintenant dans son
» séminaire autant de virginités qu'il
» en falloit pour contexter toute la
» cour des Aldermans, et la Chambre
» des Communes par-dessus le mar-
» ché; qu'elle avoit une personne,
» nommée Miss *Su..y*, arrivant juste-
» ment de la Comédie avec le con-
» seiller *Pliant*, qui, dans une se-
» maine, avoit fait trente-trois édi-
» tions de virginalité; que Miss
» *Su..y*, étant la fille d'un libraire,
» et ayant travaillé sous l'inspection
» de son père, connoissoit la valeur
» des éditions nouvelles. »

Charlotte ayant ainsi conclu cette narration curieuse qui étoit un composé d'ignorance, de sophismes irlandais et de faux esprit, but un verre de vin de Champagne afin de remettre ses esprits. Foote proposa à ses amis de se retirer ; il paya le mémoire qui étoit assez bien chargé ; il donna un rendez-vous pour le lendemain matin à Clara H..y..d, afin de l'engager pour son théâtre ; ensuite les trois Génies prirent congé de madame Charlotte, et se rendirent joyeusement à *Bedford-arms.*

CHAPITRE IX.

Quelques notions sur le séminaire de Madame Mitchell. Devise extraordinaire sur la porte de son couvent, et l'effet qu'elle produit. Histoire de Miss Emilie C.1th.st. Lord L... en devient amoureux. Son valet-de-chambre entreprend de la lui procurer ; ses stratagémes et sa réussite. Elle devient la maîtresse du lord L....s qui raffole de ses charmes. Description de sa personne : son accident à la comédie : sa conduite exemplaire dans la communauté.

———

Nous avons rendu une assez longue visite à Charlotte, et avons parlé assez avantageusement de son couvent : nous allons maintenant donner quelques notions sur celui de sa voisine.

Madame Mitchell qui demeuroit à côté de Charlotte, fut probablement la première dame abbesse qui, pour s'attirer des chalans, en leur recommandant la bonté de ses marchandises, mit une devise latine au-dessus de sa porte : sur une plaque de cuivre étoit inscrit :

IN MEDIO TUTISSIMUS.

La nouveauté de la pensée lui attira un nombre prodigieux de pratiques ; elle ne manquoit pas de leur procurer les meilleures marchandises, et de leur prouver la vérité de sa devise. Elle avoit parmi ses nonnes, Miss Emilie C...lth..st. Comme cette dame a fait, et fait toujours beaucoup de bruit dans le monde, nous allons donner quelques notions sur sa personne et sa vie.

Son père tient un magasin considérable dans Piccadilly ; elle étoit un jour dans la boutique, lorsque le comte de L...n y vint pour acheter différentes marchandises : le lord fut grandement frappé des charmes d'Emilie. De retour chez lui, il pensa aux moyens de la posséder ; il informa son valet - de - chambre, qui étoit son confident et son mercure, de l'impression que cette jeune personne avoit faite sur lui ; il lui promit une récompense considérable s'il pouvoit la lui procurer : l'appas étoit très-seduisant ; il lui répondit qu'il alloit tout employer pour l'accomplissement de ses souhaits ; il commença son attaque par lui adresser une lettre dans laquelle il lui marquoit : « Qu'il » avoit souvent contemplé ses char- » mes avec ravissement ; qu'il s'étoit » flatté de pouvoir vaincre sa passion,

» mais qu'il s'appercevoit qu'il lui
» étoit impossible de lui cacher plus
» long-tems son amour; qu'il se jettoit
» à ses pieds, et imploroit sa miséri-
» corde ; que son destin étoit entre
» ses mains, et qu'il la conjuroit
» de décider, à son gré, de son sort ;
» qu'il préféroit la mort à une vie de
» tourmens perpétuels, que la belle
» main de l'aimable Emilie pouvoit
» seule adoucir. » La jeune personne
lut cette épître avec émotion ; d'un
côté, sa vanité étoit en quelque sorte
satisfaite d'avoir fait la conquête d'un
beau jeune homme qu'elle savoit venir dans le magasin de son père ; de
l'autre part, sa pitié et sa compassion
la portoit à plaindre son tourment :
elle consulta donc une dame en qui
elle avoit confiance, pour savoir comment elle devoit agir dans une pareille
circonstance. Le valet-de-chambre du

I

lord L...n n'étoit pas à mépriser ; il
étoit le grand favori de son maître ;
rien ne se faisoit dans la maison que
par ses ordres ; il dirigoit tout, et
même milord, par dessus le marché.
Comme milord avoit beaucoup de
crédit à la cour, Emilie ne doutoit
point qu'il ne procura un fort bon
emploi à son valet-de-chambre : dans
tous les évènemens, elle seroit bien
mariée, et c'étoit la principale chose
qu'elle desiroit depuis long-tems. Elle
lui fit, en conséquence, une réponse
qui, quoique équivoque, lui donnoit assez d'espérance pour poursuivre cette affaire avec succès, ce
qu'il ne manqua d'exécuter ; il intro-
duisit auprès d'elle une femme qu'il
faisoit passer pour sa sœur, et qu'E-
milie regardoit déjà comme la sienne
propre ; elle lui ouvrit donc les
secrets de son cœur, qui furent aussi

tôt rapportés au frère supposé. Il lui proposa d'aller à la comédie; et comme la sœur, en apparence, devoit être de la partie, Emilie ne vit point de danger d'accepter la proposition. Chacun fut très-satisfait du spectacle jusqu'à la conclusion du drame, lorsque malheureusement, ou plutôt heureusement pour le valet-de-chambre de milord, la pluie tomba avec une force si prodigieuse, qu'il lui fut impossible d'avoir une voiture : il falloit cependant prendre une résolution ; son avis fut de se rendre dans une taverne voisine et d'y souper jusqu'à ce que la pluie cessa, où que l'on put se procurer une voiture. Emilie frémit d'abord au nom de taverne, mais elle n'eut plus de scrupule lorsque sa compagne lui représenta, qu'en pareille circonstance, sa délicatesse étoit hors de saison, surtout, étant en leur compagnie. On

fit venir une bouteille de vin de Madère , et , en attendant que le souper
fut prêt, on but à la ronde. Le valet-
de-chambre n'avoit pas oublié de
préparer son hameçon, ni d'introduire
une bouteille de vin de Champagne
bien renforcé d'eau-de-vie. La soirée
étoit très humide , et , comme on sortoit d'un endroit extrêmement chaud, ,
un autre verre de vin ne pouvoit point
faire de mal , telle étoit la doctrine
du valet-de-chambre ; et du second ,
on passa au troisième , et ainsi de
suite. Pendant ce tems , les yeux
d'Emilie étoient plus animés que jamais ; cette agréable boisson ajoutoit
à ses charmes et à sa gaieté. Le souper
achevé, il pleuvoit toujours, et point
de voiture. Le tems parut alors favorable pour le grand coup du valet-de-
chambre. Il avoit apporté avec lui
de l'opium , qu'il infusa adroitement

dans un verre de vin, et qu'Emilie but. L'effet n'en fut pas long, car Morphée s'empara aussitôt de ses sens. Emilie étant ainsi livrée au sommeil, le valet-de-chambre et la sœur prétendue se retirèrent, lorsque milord, qui attendoit dans une chambre voisine l'issu de l'affaire, entra, et se livra sans beaucoup de difficultés à ses desirs brûlans. Emilie s'éveilla, et s'apperçut trop sensiblement de sa situation : elle connoissoit milord ; elle vit qu'elle étoit perdue. Milord s'efforça de l'appaiser ; il lui dit que sa passion pour elle étoit si forte qu'il n'étoit plus le maître de sa raison ; qu'il l'adoroit, l'idolatroit ; qu'il lui donnoit carte blanche sur les conditions qu'elle lui imposeroit pour vivre avec lui : une voiture, une maison élégante, cinq cent livres sterlings, etc. étoient des tentations auxquelles peu de femmes ne résistent pas. Ces pro-propositions plaidèrent tellement en sa faveur, qu'elle s'abandonna donc en-tièrement à sa discrétion. Il la mit aus-si-tôt en possession de ce qu'il lui avoit promis. Mais, hélas ! la satiété des complaisances répétées du même objet, fort souvent nous ennuie. Après la révolution de plusieurs mois, milord s'apperçut que sa passion étoit bien diminuée ; sous le prétexte de la jalousie, il lui chercha donc une querelle qui rompit leur liaison.

Une jeune personne âgée tout au plus de vingt ans, et ayant les char-mes d'Emilie, a rarement la prudence suffisante pour profiter du présent, et amasser pour l'avenir. Imaginez-vous une taille majestueuse, une fi-gure aimable et remplie de graces, les traits les plus réguliers, les yeux les plus séduisans, des lèvres qui appellent le baiser, une belle bouche ornée de deux rangées d'ivoire qui, par leur régularité et leur blancheur, enchantent la vue : imaginez-vous, dis-je, une telle personne, et ne vous étonnez pas si le miroir fidèle d'Emilie lui disoit qu'elle avoit de justes prétentions à la conquête universelle; que si milord l'avoit adoré, les autres pairs devoient par conséquent rendre hommage à ses charmes! avec de pareils sentimens, pouvoit-elle se former l'idée d'un besoin avenir; mais les vicissitudes de cette vie sont si extraordinaires, et si peu attendues, qu'elle se trouva, en peu de tems, dans cette situation. Elle se vit contrainte, pour vivre, de vendre ses bijoux, ses bagues, ses diadmens et la plus grande partie de ses ajustemens; elle ne trouva plus d'admirateurs; elle se trouva enfin forcée

de se soumettre à ces moyens infâmes, auxquelles la nécessité con-
traint souvent le sexe ; enfin Madame
Mitchell, ayant appris sa situation,
l'invita à venir demeurer chez elle,
et la persuada qu'elle y seroit regardée comme une amie. Emilie avoit
parut avec éclat dans le grand monde,
et elle étoit appelée le *Phaéton fe-*
melle, par rapport à un accident qui
lui arriva au spectacle : un jour qu'elle
se trouvoit au théâtre de Hay-Market, la hauteur de son chapeau n'é-
tant pas calculé à celles des girando-
les, le feu y prit avec tant de vio-
lence, que cet accident lui seroit devenu funeste, ainsi qu'aux dames qui
étoient dans la même loge, et qui
craignoient le même évènement pour
leurs têtes, si Monsieur *Gl...n* ne fut
venu galamment à son secours, et
n'eût éteint le feu. Il préserva, au

risque de sa personne, les charmes et les ajustemens d'Emilie de la proie des flammes, et elle se rendit ensuite dans King's-Place.

Emilie est en une si haute estime pour sa beauté et la douceur de son caractère, qu'elle peut exiger la somme qu'elle desire ; elle a refusé plus d'une fois un billet de banque de vingt livres sterlings, parce qu'elle n'aimoit point les personnes qui les lui offroient. Un certain Juif très-riche, qui étoit très-passionné de la chaire chrétienne, lui proposa de l'entretenir et de l'établir très-avantageusement ; mais comme elle avoit la plus grande aversion pour la circoncision, elle rejetta sa demande. Un certain lieutenant de marine, qui n'est pas très-délicat dans ses attachemens pour le sexe, et qui avoit dèjà vendu sa femme à un riche baronet, offrit à Emilie de l'épouser ; mais soit qu'elle soupçonnat que sa première femme étoit encore vivante, soit qu'elle craignit qu'il eut l'intention de la traiter comme sa première épouse, elle refusa le mariage, quoique la personne du capitaine lui convint beaucoup. En général, Emilie est une *fille de joie*, mais elle n'en a point les sentimens ; elle peut servir d'exemple aux sœurs de la communauté, et leur inspirer de la dignité dans l'exercice de leur profession.

CHAPITRE X.

Histoire d'une jeune dame innocente qui, par la ruse d'une certaine abbesse, fut amenée dans son couvent. Projet de la séduire. Un gentilhomme promet mille guinées si le plan est exécuté. Moyens employés pour débaucher ses mœurs, mais inutilement. Le jour et l'heure de son sacrifice fixés. La voiture du lord est à la porte ; tandis que ce vil ravisseur se saisit de la belle victime, elle est miraculeusement arrachée de ses bras.

———

JE ne puis quitter King's-Place sans rapporter une histoire qui doit faire frémir l'humanité, et faire trembler la jeunesse innocente. C'est le stratagème le plus noir, inventé par une

certaine abbesse, pour procurer une jeune personne de quinze ans, à un gentilhomme libertin, très-connu par ses exploits de ce genre. Son excellence se promenant un jour à cheval du côté de Chelsea, observa, dans un grouppe de jeunes demoiselles qui étoient pensionnaires d'une école célèbre de ce voisinage, une personne dont la beauté surpassoit de beaucoup celle de ses compagnes ; elle étoit grande, gentille et agréable, et quoiqué très-jeune, son port et ses manières sembloient entidater son âge. Il fut à l'instant frappé de ses charmes innocens ; il ordonna à son domestique de descendre de cheval, de suivre, sans être remarqué, ces jeunes personnes, afin de connoître précisément le lieu de leur demeure le domestique revint promptement retrouver son maître ; il lui donna
les

les renseignemens qu'il désiroit tant de savoir, et lui apprit le nom de la demoiselle qui avoit fixé son atten-tention.

De retour chez lui, il ne songea uniquement qu'aux moyens de pouvoir satisfaire ses desirs lascifs ; son esprit n'étoit occupé que de mille projets différens, qui heureusement se détruisoient tous ; à la fin, il en conçut un qui lui parut être le plus avantageux à ses desseins.

Les sens énivrés des charmes de l'aimable Miss *M.....e*, il se rendit chez une certaine abbesse, dans King's-Place, pour lui communiquer son plan, et la prier de l'aider de ses avis pour son exécution. Elle écouta le lord avec beaucoup d'attention, et lui répondit qu'elle n'approuvoit pas son projet, d'autant qu'il s'agissoit de l'enlever par force :

Tome I.   K

» Je prie votre excellence, lui dit-
» elle, de m'accorder quelques heu-
» res, pour penser à cette affaire
» qui, étant un sujet de la plus grande
» importance, exige infiniment d'a-
» dresse pour en assurer le succès. »
Il approuva la justesse de son observation, et lui répliqua qu'il ne pouvoit pas lui accorder beaucoup de
délai ; que chaque heure étoit un
siècle de tourmens, tant qu'il ne pos-
séderoit pas l'idole de son cœur ; cependant il consentit à lui donner jusqu'au soir, dans l'espérance qu'à son
retour, elle auroit pleinement satisfait son attente.

Pendant ce tems, la mère abbesse
s'étoit procuré une jeune fille qui
ressembloit à Miss M....e, autant
qu'elle pouvoit le conjecturer d'après
la description que le lord lui avoit
fait de sa personne ; elle s'imaginoit

qu'elle seroit assez heureuse pour que
cette personne fît sur lui la même impression ; elle étoit la fille d'une blan-
chisseuse du voisinage qui l'avoit
vendu à un riche baronet, qui la visitoit par occasion ; mais elle pouvoit
toujours passer pour vierge, d'autant
que sir *John* étoit supposé ne pas
avoir la capacité de la dévestaliser.
Le lord revint à l'heure dite ; l'abbesse lui présenta *Betsy Collins* qui,
quoiqu'elle lui procura un plaisir vif,
étoit incapable de chasser de son imagination la figure enchanteresse de
Miss M...e, qui étoit toujours la
maîtresse souveraine de ses affections.

La rusée matrone découvrant que
son projet n'avoit pas répondu à son
attente, lui parla alors d'un nouveau
stratagême : « Vous voyez, Milord,
» dit-elle, que cette fille est belle
» et agréable ; qu'elle a du sentiment

» .. et l'esprit pénétrant; elle est entiè-
» rement à mes ordres. Son ami, le
» baronet, est à la campagne, et ne
» reviendra que dans quelques se-
» maines ; je vais lui faire donner
» quelques leçons de danse afin de
» rendre sa contenance moins rusti-
» que ; ensuite je la placerai, sous
» le titre de ma nièce, dans la pen-
» sion de Miss M...e. Je me ferai
» passer pour la veuve d'un négo-
» ciant ; et, afin de donner plus de
» croyance à ce conte, je vais pren-
» dre un logement dans le voisinage,
» pour me trouver à même de saisir
» les occasions favorables qui se
» présenteront. Betsy, du moment
» quelle sera dans cette école, s'ef-
» forcera de s'attirer les bonnes gra-
» ces de Miss M...e ; elle s'étudiera
» par son attention, ses égards et son
» assiduité, à gagner son amitié et à

» devenir sa confidente. Ces premiè-
» res démarches faites, j'irai de tems
» à autre dans la pension. Betsy ne
» la quittant point, j'aurai alors l'oc-
» casion de la voir et de lui parler :
» je m'efforcerai, à mon tour, d'ob-
» tenir son estime par des présens
» que je jugerai lui être agréables,
» sans offenser sa délicatesse ; en
» même tems je tâcherai de découvrir
» son penchant dominant ; si c'est
» celui de monter à cheval, je lui
» procurerai tous les jours, avec
» Betsy, cet agrément ; et, lorsque
» je jugerai le moment favorable,
» sous le prétexte d'une partie de
» plaisir et d'agrément, je la conduis
» dans la ville : une fois dans ma
» maison, il n'y a point de doute
» que je ne la décide, par quelques
» moyens, de répondre à vos ardens
» desirs. »

Le lord fut étonné de l'imagination fertile de cette judicieuse abbesse : il éleva son projet jusqu'aux cieux, et dit qu'il surpassoit toute la politique de *Machiavel*, qu'il étoit merveilleux, et qu'il ne doutoit point de son plein succès. En parlant ainsi, il tira son porte-feuille de sa poche, et lui remit un billet de banque de cinq cent livres sterlings, pour l'aider dans l'exécution de son projet ; ensuite il ajouta qu'il doubleroit cette somme aussi-tôt ses souhaits accomplis.

L'abbesse ne perdit point de tems à mettre en pratique la théorie de son plan infâme. Dès le lendemain Betsy eut un maître de danse, et en peu de jours elle faisoit assez bien ses pas de menuet : s'étant, pendant ce tems, débarrassée de sa contenance rustique, sa tante supposée jugea qu'il étoit tems de la conduire à la pension où elle ne la plaçoit pas pour commencer son noviciat, mais pour s'acquitter avec la dextérité la plus subtile du rôle dont l'avoit chargé cette maitresse expérimentée.

La tante et la nièce se rendirent donc à la pension. L'abbesse complimenta Madame . . . . . sur la grande réputation que son école avoit. On parla du prix et du genre de l'éducation que l'on vouloit donner à la jeune personne. La tante dit que Miss Collins désiroit apprendre le français; (que son père, qui étoit un anti-Anglais déterminé, ne voulut jamais, de son vivant, lui permettre d'apprendre cette langue) à pincer de la harpe et à jouer de la guitare. L'abbesse ayant adhéré au prix demandé, pour ces objets d'utilité et d'agrément, Miss Betsy fut alors présenté

par la maîtresse à ses nouvelles camarades. La tante remarqua bientôt,
parmi elles Miss M....e, elle ne put
s'empêcher d'approuver le choix du
lord ; sa figure étoit si belle et son
port si majestueux qu'il lui vint aussi-
tôt dans l'idée qu'elle seroit pour elle
une acquisition de grande valeur. Outre les mille guinées qu'elle devoit
avoir du lord, elle s'imaginoit que
cette jeune personne lui en vaudroit
par la suite dix mille.

Betsy Collins fut d'abord, en quelque sorte, hors de son élément dans
cette pension, qui lui paroissoit bien
différente du séminaire qu'elle venoit
de quitter dans King's-Place : elle
jugea qu'il étoit important pour elle
de retenir sa langue, et de ne pas se
servir de ces expressions indécentes
qu'elle avoit apprises dans son dernier
couvent ; elle avoit des confitures et

grande quantité, et elle ne manquoit
d'en donner constamment à Miss
M . . . e. Cette dernière remarquoit,
avec une sorte de satisfaction, l'é-
ventail, les rubans et autres petites
bagatelles de ce genre, appartenant
à Betsy, qui les lui donnoit aussi-tôt.
En un mot, cette politesse et cet attachement apparent produisirent des
miracles en faveur de Miss Collins,
au point qu'elles étoient si intime-
ment liées, qu'elles ne pouvoient
plus se quitter, et qu'elles trouvèrent
les moyens de devenir camarades de
lit. Betsy communiqua aussi-tôt cette
heureuse nouvelle à sa tante supposée, qui l'apprit avec la plus grande
satisfaction, et courut immédiatement faire une visite à sa nièce, afin
de lui donner les instructions utiles
pour avancer cette importante affaire.
Ces avis tendoient à corrompre les

mœurs de Miss M....e, en lui enseignant ces diverses pratiques lascives, trop souvent employées dans les pensions des jeunes demoiselles; qui, néanmoins, se croyent complettement vertueuses : mais les efforts de Betsy, à cet égard, furent vains. Miss M....e fut choquée de ses propositions et de ses essais; elle la menaça de ne jamais coucher avec elle, si elle lui parloit davantage de ses opérations infames, dans lesquelles elle auroit desiré voir Miss M....e suivre son exemple.

Betsy pensa qu'il étoit important d'abandonner ses manœuvres, si elle ne vouloit point perdre l'estime de Miss M....e, ni nuire à son projet; en conséquence, l'adroite hypocrite, non seulement ... continua ces essais, ... elle eut l'air de se repentir et ... écouter les remontrances morales de son amie ; elle la remercia de ses sages conseils, et lui dit qu'elle s'estimoit heureuse d'avoir trouvé une personne aimable qui la détournoit de ces voies pernicieuses qui, comme elle en étoit maintenant convaincue, l'auroient égaré du chemin de la vertu. Par ces moyens artificieux, elle regagna les bonnes graces de Miss M....e.; et, par des attentions et assiduités nouvelles, des présens répétés, des complimens placés à propos, elle prit un plus grand empire sur les affections de cette jeune personne innocente et confiante.

Il paroîtra sans doute étonnant que le lord, brûlant de cette ardeur violente, dont nous avons parlé, resta aussi long-tems dans un état de parfaite tranquillité, sans presser son négociateur femelle de terminer promptement cette grande affaire. Au con-

traire, il ne décessoit de l'engager à
completter la catastrophe de ce drame
affreux ; mais elle l'appaisoit en l'en-
trenant des progrès qu'elle faisoit, et
en lui promettant que, sous quelques
jours, l'occasion lui seroit parfaitement favorable.

Le jour de la naissance du roi fut
celui désigné pour exécuter le grand
complot. Dans la matinée, la digne
abbesse, dans un superbe équipage
et des domestiques à grandes livrées,
se rendit à la pension : elle demanda
sa nièce pour la mener à la ville et
lui faire voir la noblesse de la cour ;
elle demanda à Miss M....e si elle
ne seroit pas satisfaite d'être témoin
de cette cérémonie ; elle l'engagea
vivement d'être de la partie ; la maitresse qui crut ne pas devoir s'oppo-
ser au vif desir que montroit cette
jeune personne d'aller avec sa Betsy

favorité, consentit qu'elle l'accompagnat.

Après qu'elles eurent vu les cérémonies du jour, la digne tante de Betsy se rappela qu'elle avoit une connoissance particulière dans le voisinage, avec laquelle elle étoit assez libre pour aller lui demander à dîner : il étoit près de quatre heures, et celle du repas des jeunes personnes étoit à deux ; on se rendit donc . . . . où ? . . . . à King's-Place, dans le propre couvent de l'abbesse : on y avoit préparé un splendide repas, et Miss M.....e donna son approbation à la bonté et à la délicatesse des mets : on servit ensuite les vins les plus exquis; on but successivement à la santé du roi ; ces agréables liqueurs donnèrent beaucoup de vivacité à Miss M.....e ; au milieu de l'enjouement de son caractère, que l'on animoit par

L

la musique, le chant, et autres moyens employés pour l'empêcher de réfléchir à sa situation, elle céda à toutes les invitations, à tel point, que le vin de Champagne lui fit perdre l'usage de sa raison.

L'heure de l'arrivé du lord approchoit, et chaque circonstance sembloit couvrir de fleurs son entrée triomphante; mais la Providence paroissoit veiller au moment le plus critique de la vie de Miss M....e.

Elle avoit un cousin qui étoit enseigne dans les Gardes, et qui, comme la plupart des jeunes militaires donnent, par circonstance, dans les foiblesses et la dissipation; en un mot, il visita, ce jour là, les séminaires de King's-Place; il avoit bû extraordinairement à la santé de son souverain; et, le vin généreux, avoit tellement opéré sur ses facultés, qu'il

avoit excité ses sens aux desirs amoureux, et que, guidé par ce motif, il
étoit venu dans la maison même où
se trouvoit sa parente ; il fut donc
introduit, par bévue, dans le parloir
où Miss M….e dormoit sur un sopha ;
il ne l'eût pas plutôt envisagée qu'il
s'écria : « Dieux ! que vois-je ! mon
» aimable et douce cousine…… Ma
» chère Miss M….e dans un pareil
» lieu !…. » La familiarité de sa voix
réveilla ; en le reconnoissant, elle
sauta en sursaut et s'évanouit ; mais
elle revint bientôt à elle. « Ma chère
» amie, continua-t-il, ce n'est pas
» ici que nous devons entrer en ex-
» plication, vous devez à l'instant
» venir avec moi. » En proférant ces
mots, il l'enveloppe aussi-tôt dans
ses ajustemens, la prend dans ses
bras, la transporte ainsi dans une
voiture, et la conduit chez son père

qui demeuroit dans Bond - Street :
comme il passoit le seuil de la porte,
la voiture de milord venoit justement
de s'arrêter, et un de ses domestiques
étoit sur le point de sonner.

Cette histoire, qui est très-vraie,
et peut être attestée, n'a pas besoin de commentaires ; elle doit servir de leçon aux maitresse de pension,
aux gouvernantes et à tout le beau
sexe en général, et les convaincre
qu'elles ne doivent point confier leurs
pupilles ni les introduire dans aucune
compagnie quelconque, sans préala-
blement avoir pris les renseignemens
les plus rigides sur les caractères, les
attachemens, les liaisons et les mœurs
des personnes qui la fréquentent.

CHAPITRE XI.

Détail du couvent dans Curzon-Street, May-Fair. Description de madame B...nks ; de ses différentes nonnes ; et de quelques-uns de ses visiteurs. Histoire de Marie Br...n.

Nous sommes restés assez long-tems dans les alentours de King's-Place, et nous allons maintenant faire une petite excursion à Curzon-Street, May-Fair. Dans cet endroit demeuroit Madame B...nks, femme intelligente, assidue et polie, qui, ayant assez de bon sens pour se convaincre qu'elle n'avoit plus de charmes suffisans pour captiver des adorateurs, résolut de tourner à son avantage les talens que la nature lui avoit accordés, en bé-

L 2

néficiant sur la beauté et les attraits des jeunes personnes de son sexe. Dans cette vue, elle rechercha la connoissance des belles voluptueuses de la ville. Les femmes galantes qui ne desiroient que satisfaire leur passion amoureuse, étoient sûres, par son agence, de trouver chez elle des coureurs forts et nerveux, qui ne manquoient jamais de donner les preuves les plus convainquantes de leur connoissance et habilité. Quant à celles qui étoient dans l'indigence, et qui se trouvoient forcées de faire un métier de leurs charmes, elle avoit toujours pour elle un magasin constant des meilleurs marchands des alentours de St. James et autres endroits. Charlotte-Hayes avoit été long-tems sa directrice ; elle avoit fait chez elle un apprentissage régulier ; et, aidée de ses conseils,

elle parvint à acquérir les connoissances qui sont nécessaires dans cet
état critique et important ; en un
mot , madame *B...kns* ayant amassé
une somme d'argent dans sa louable
vocation , pensa qu'il étoit tems pour
elle de fonder, à son tour, une abbaye ;
en conséquence , elle prit une maison
fort agréable dans Curzon - Street.
Clara H....d fit son premier noviciat
public dans ce séminaire , quoiquelle
alla dans la suite dans celui de Charlotte. Miss *M..d...s* fut la seconde
qui fut enregistrée sur la liste de ses
nonnes ; elle se rendit célèbre par ses
charmes transcendans qui étoient si
puissans , qu'ils captivèrent le savant
Dr. B...kns. Miss Sally *H..ds.n* étoit
la troisième en date ; elle fut si pru-
dente et si économe , qu'elle amassat
deux cent livres sterlings , et devint
bientôt une abbesse. La turbulente

Madame *C...x* étoit aussi inscrite sur la liste de Madame B..ks. Ses liaisons avec un jeune Ecossois, fils de Mars, lui donne le droit, sous d'autres rapports, de choisir sa compagnie ; mais elle n'écoute point les propositions de tout homme qui lui offre moins de cinq guinées. Il vient constamment dans ce séminaire un autre gentilhomme Calédonien qui, par des questions politiques, s'est distingué dans le monde littéraire. On crut d'abord que Madame C....x étoit l'objet de ses attentions ; mais cette erreur fut bientôt rectifiée, lorsque l'on vit clairement que Madame B...nks occupoit seule ses pensées, et régnoit en impératrice sur son cœur, malgré son visage hommasse et sa figure commune ; il disoit à cette occasion, qu'elle avoit ce *je ne sais quoi*, auquel tout homme sensible ne peut résister.

Miss *Betsey St..n..s.n* exerce la fonc-
tion d'une nonne lorsqu'il y a un trop
grand courant d'affaires, et que toutes
les autres sœurs se trouvent en exercice, et ce, dans la vue de ne point mé-
contenter un visiteur, et de ne pas le
forcer d'aller dans un autre séminaire;
mais sa vocation générale est celle
d'assister madame B..ks; et dans cette
circonstance, elle déploie la plus
grande connoissance et industrie. La
fatigue de l'action, dans ce double
emploi, l'oblige généralement à prendre les eaux dans la saison du printems; afin de donner du relâchement
à sa constitution. Madame *W..ls..n*
a un embonpoint désagréable que les
plaisirs de la table lui ont donné; mais
ses jolis yeux et sa bouche ravissante
commandent toujours l'admiration.
Madame *Br...n*, généralement connue
sous la dénomination de *The consta-*

lle, étant un excellent moule pour les grenadiers, devroit être pensionnée par le gouvernement pour recruter les forces de sa majesté. Madame *F.gs..n*, la dernière sur la liste, a une main très-utile, et est de bon accord avec tout le monde; soyez chrétien ou payen, brun ou blond, court ou long, de travers ou droit, elle ne s'en met pas en peine, pourvu que l'argent ne soit pas léger; mais, pour ne pas être trompée, elle porte constamment avec elle une paire de balance pour peser l'or : malgré le grand nombre d'admirateurs de différentes complexions et nations que cette dame à eu, ses passions amoureuse ne sont pas encore absorbées, comme peut l'attester un certain gentilhomme Irlandois, grand et à larges épaules, qui, il est vrai, est forcé de faire avec elle un devoir très-dur,

ce dont ne peuvent disconvenir les
personnes qui connoissent Madame
F..gs..n, qui (pour me servir de ses
propres expressions) lorsqu'elle tient
dans ses bras l'homme qu'elle aime,
elle s'abandonne tout-à-fait. Marie
Br...n a été pareillement engagé
dans ce séminaire. Comme il y a quelque chose de curieux dans sa vie, le
lecteur ne sera probablement pas mé-
content d'en trouver ici la relation.
Cette dame étoit la fille d'un archi-
tecte, proche Mary-bone, dont la
fortune se montoit à dix mille livres
sterlings. Marie étoit une fille grande
et gentille, qui avoit reçu une assez
bonne éducation, dont elle avoit sû
profiter. Elle n'eut pas plutôt atteint
l'âge qui inspire au jeune sexe les
pensées de connoître les hommes,
qu'elle se montra dans tous les endroits publics, avec un cœur enclin

à l'amour et aux desirs les plus vifs ; elle se trouvoit très-embarrassé de répondre aux attaques qui lui étoient faites ; ajoutez à cela, qu'elle avoit fait la connoissance d'une de ces femmes qui, sous les apparences de la chasteté, s'introduisent dans les compagnies décentes. On fit donc une partie à Windsor, dans laquelle étoit un certain homme de rang, dont Marie recevoit les hommages, parce qu'elle s'imaginoit que ses intentions étoient pures et honnêtes ; mais le jeune homme ayant appris par la dame dont elle avoit fait la connoissance, et que Marie regardoit comme son amie, que le père ne donneroit rien à sa fille de son vivant, prit une autre résolution ; il changea ses batteries ; et, aulieu d'attaquer le cœur, il dirigea ses coups contre la vertu de la jeune personne. Marie fut donc trahie par son amie, qui la railloit des craintes qu'elle avoit de ce qu'elle la laissoit seule avec l'homme qu'elle devoit bientôt appeler son mari : trompée dans cette opinion, elle l'écouta favorablement et céda à ses sollicitations, s'imaginant que sa condescension n'étoit que le prélude de ses noces ; mais, hélas ! elle fut peu de tems après convaincue de son erreur : avec qu'elle agitation d'esprit, qu'elle mortification, quels remords, elle apprit, par les papiers publics, la nouvelle du mariage de son séducteur avec une autre personne.

Il se passa du tems avant qu'elle put surmonter son chagrin ; mais voyant qu'il ne restoit aucune trace de sa foiblesse, elle se consola d'avoir découvert la perfidie de cette femme artificieuse, en qui elle avoit mis la confiance la plus aveugle.

M

Monsieur *W...ms*, gentilhomme, jouissant d'une fortune honnête, lui fit, peu de tems après, la cour, et l'auroit sincèrement épousé, si son père eut voulut donner une somme proportionnée à la fortune qu'il possédoit ; mais à l'instant de terminer cette négociation, Monsieur Br...n fit banqueroute, et toute sa fortune imaginaire devint à zéro. Monsieur W...ms avoit mis tant d'empressement à solliciter la main de Marie, que la prudence ne lui permettoit pas, d'après ce triste évènement, de poursuivre cette affaire d'une manière honorable ; il lui étoit cependant impossible de vaincre la passion brûlante que cette jeune personne lui avoit inspiré, ni s'empêcher de céder à l'idée tentative qui s'offroit à son imagination, celle de lui faire des propositions d'un genre moins

délicat ; et il se flattoit que sa situation présente la lui feroit accepter.
Dans cette ferme persuasion, après
l'avoir entretenu de l'empêchement
qui s'opposoit à leur union, il lui
communiqua ses intentions. A cette
proposition, Marie s'emporta avec
chaleur, lui reprocha sa perfidie ; il
s'étoit préparé à cette attaque, ainsi
sa colère ni ses reproches ne le dé-
tournèrent point de son dessein ; à la
fin la nécessité la força de se rendre
à sa discrétion ; elle devint grosse et
accoucha d'un fils.

Dès ce moment, la tendresse de
Monsieur Williams, aulieu de di-
minuer, augmenta. Dès que Marie fut
rétablie, elle parut en public avec
plus d'éclat, d'autant mieux que ses
couches s'étoient faites secrètement.
Le baronet *Charles B . . . y* la joignit
un soir au Ranelagh : ayant décou-

vert que sa femme lui étoit infidelle, il pensa qu'une femme aussi belle et aussi agréable que Madame Br..wn, (car nous ne lui donnerons plus que ce nom) pour laquelle il ressentoit le plus vif attachement, pourroit infiniment lui faire oublier la perte de sa perfide épouse : il lui déclara en conséquence sa passion ; Madame Br..wn l'écouta favorablement ; son orgueil fut enchanté d'avoir fait une telle conquête, car elle pensoit qu'elle devoit se venger de l'outrage de M. Williams, qui avoit profité de sa détresse pour en venir à ses fins : elle céda donc aux instances du baronet Charles qui, pendant quelque tems, lui témoigna sa tendresse et sa générosité. Monsieur Williams découvrit bientôt son infidélité et l'abandonna : l'attachement du baronnet ne fut pas de longue durée ; ainsi donc Madame

Br..wn, abandonnée, se vit, en peu de tems, réduite à la nécessité de se défaire insensiblement de tout ce qu'elle avoit pour vivre. Madame B...ks en fit la connoissance à cette époque critique, et l'engagea aisément à venir demeurer dans sa maison : tel étoit la situation de ce séminaire lorsque nous le visitâmes.

Nous donnerons dans un autre Chapitre les révolutions qu'il a subi.

M 2

CHHPITRE XII.

*Le pouvoir de l'amour sur un prédi-
cateur chrétien et un juif amoureux.*

Un célèbre auteur nous dit que la
vanité est la passion prédominante
dans les deux sexes ; cependant , d'a-
près la véritable et triste relation
suivante , l'amour semble avoir l'as-
cendant sur toutes les autres passions.

Nous allons donc rapporter les circonstances de la catastrophe terrible
qui termina la vie de l'infortunée
Miss *Ray* , et la carrière du malheu-
reux M. *Hackman*.

Monsieur Hackman avoit pour
Miss Ray la passion la plus violente ;
se croyant méprisé , il commit l'action horrible dont il a été la victime;

il n'est cependant pas prouvé qu'il ait considéré Monsieur *M..a* comme son rival ; il pensoit sincérement que Miss Ray ne le traitoit avec froideur et indifférence, que parce qu'elle avoit donné la préférence à un autre admirateur : voici ce qui donna naissance à cette jalousie, soupçon et ressentiment. Le lord *S.....* avoit banni de sa maison Monsieur *Hackman* qui venoit le voir très fréquemment, et ce, d'après les découvertes qu'il avoit faites par le ministère d'une certaine femme Italienne, qui, comme *Janus*, paroissoit à double face.

La *Signora G....* avoit un grand penchant pour Monsieur Hackman ; d'après les présens fréquens qu'elle recevoit de lui, elle se flattoit que leur inclination étoit mutuelle ; mais lorsqu'elle découvrit qu'il ne remarquoit pas les ouvertures indirectes qu'elle lui faisoit, et qu'il étoit question d'un traité de mariage entre Monsieur Hackman et Miss Ray; alors elle s'abandonna à sa rage et à son ressentiment ; n'écoutant plus que sa colère et sa vengeance, elle révéla au lord S..... la tendresse de ces deux amans. La suite de cette découverte fut une sévère remontrance à Miss Ray sur sa conduite, la perspective et la description véritable de ce qu'elle devoit s'attendre de rencontrer dans une union conjugale avec Monsieur Hackman. La peinture étoit si alarmante, qu'elle résolut, s'il lui étoit possible , de vaincre les tendres sentimens qu'elle entretenoit pour cet homme infortuné. Monsieur Hackman n'avoit pas reçu de ses nouvelles, et ne l'avoit pas vu depuis quelques jours. Le matin de la catastrophe terrible , il lui adressa, par

la médiation de la signora G....,
une lettre remplie des expressions les
plus tendres de son amour et attachement pour elle ; son épître étoit ac-
compagné d'un panier de vin de Madère, qu'il venoit de recevoir d'un de
ses amis qui arrivoit de la Jamaïque.

La signora G... qui aimoit passion-
nément le vin de Madère le garda ;
mais elle renvoya la lettre après l'a-
voir lue et recachetée , par le même
messager. Cette circonstance que
Monsieur Hackman attribua à la di-
rection et instruction à Miss Ray, ir-
rita ses esprits jusqu'à un tel point
de frénésie , qu'elle occasionna l'évènement terrible qui lui arriva à Covent-Garden.

Nous allons abandonner cette relation mélancolique , pour parler de la
signora G...., de Madame *P...ps* ,
de la signora *F....i.* Ce fut par l'a-

gence de ces femmes que Miss Ray fut d'abord introduite chez le lord S...

La signora G.... avoit été, pendant plus de trente ans, cantatrice à l'Oratorio et à l'Opéra. C'étoit une grande et agréable femme; elle avoit de beaux yeux noirs, une bouche ravissante, les dents régulières et blanches, et un teint varié, *selon la mode du jour*, par l'assistance de Messieurs *Warren* et *Bailey*, et leurs prédécesseurs : elle avoit été une femme d'intrigue depuis l'âge de puberté, et elle avoit eu une succession aussi nombreuse d'amans que quelques femmes titrés de l'Europe.... Lady *H...* etc. sans en excepter la *Cz...ne*.

Parmi le nombre de ses adorateurs, qu'elle avoit eû l'honneur de ruiner, étoit l'infortuné, en plus d'un sens, le petit juif *Mend..z*. Ce petit personnage extraordinaire, âgé de trente

ans environ, figuroit dans le grand
monde; il avoit à peine trois pieds
de hauteur; c'étoit un paragon de
faterie; s'il eu eû le moyen de faire,
à chaque instant du jour, de nouvelles toilettea, il auroit été regardé
le plus grand et le plus petit fat de
l'Europe; il étoit de plus l'amoureux
de toutes les belles femmes du bon
ton: au nombre de ces dames étoit la
présente Madame *Donaldson*, alors
Miss *Falkner*, qui, à cette époque,
chantoit à Marybone-Gardens, et la
signora Galli qui, alors, étoit la
principale cantatrice de l'opéra.

Mend..z étoit à ce moment, un
négociant très-opulent, qui, par son
attachement pour la signora Galli,
négligea entièrement son commerce,
et la poursuivit dans une grande partie de l'Europe. Il lui avoit d'abord
déclaré sa passion à Londres; il lui

avoit fait de beaux présens, (et nous savons par expérience, que cette dame a une concupiscence particulière pour les présens, aussi bien que pour les bons coureurs, soit qu'il soient juifs ou d'autres nations) ce qui lui faisoit croire qn'elle tourneroit le petit lévite plus religieusement à l'avantage d'une femme chrétienne qui alloit à la messe, dans le dessein de se faire, par ses œillades, des conquêtes.

Elle commença donc ses voyages par la France ; elle resta peu de jours à Paris. M....z la suivit aussi-tôt ; elle n'eut pas plutôt appris qu'il étoit sur ses pas, (car elle avoit ses émissaires affidés) qu'elle se rendit à Lyon ; il y fut dans vingt-quatre heures. *Presto* étoit le mot, et elle partit ; il la suivit jusqu'à Venise, dans une grande partie de l'Allemagne, et, enfin, il arriva en même-tems qu'elle

à

à la Haye ; heureux de l'avoir attrappé, il employa les moyens les plus expéditifs pour la voir.

Il obtint une entrevue ; la manière adroite dont la signora lui parle, est trop plaisante, pour ne pas rendre compte de leur conversation.

Signora G..... Dieux ! monsieur Men..z, qui a pu vous amener ici ?

M. Men..z. Oh ! Madame, ne me faites point cette question, c'est le comble de la cruauté.

Signora G.... Au nom du ciel, comment avez-vous pu deviner que j'étois ici ?

Monsieur Men..z. J'en avois la certitude, Madame. Je sais exactement tous les endroits où vous avez été depuis trois mois que vous avez quitté l'Angleterre.

Signora G..... Vous m'étonnez réellement ! — Comment-il possible

que vous ayez pu vous procurer des
renseignemens aussi fidels ? — Si
vous eussiez été un ministre d'état ,
ou si vous eussiez mis des espions de
poste en poste , je ne douterois point
de votre véracité.

Monsieur Men..z. Je vous assure
donc , Madame , que je vous ai suivi
de poste en poste depuis l'instant que
vous avez quitté Londres jusqu'à ce
moment.

Signora G..... Vous me surprenez !
Permettez-moi , Monsieur Men..z, de
vous faire une autre demande. Qui a
pu , je vous prie , vous déterminer à
courir ainsi le monde pour me voir ?

Monsieur Men..z. Je vous suivrois
jusqu'au bout de l'univers ; et s'il
étoit possible que vous puissiez monter dans quelques-unes des planètes ,
je supplierois les dieux de me transporter dans celle de Vénus , car ce

seroit assurément là votre demeure.

Signora G..... Vous êtes, en vérité, romanesque. Je vous prie d'être
un peu plus intelligible.

Monsieur Men..z. J'entends par
les cieux, tout ce qui est véritablement passionné et amoureux.

Signora G.... Ce que vous me dites
me surprend plus que tout le reste. —
Au nom du sens commun, à quoi
tend ce discours ?

Monsieur Men..z. Puisque vous ne
le devinez pas, je vais donc vous en
donner l'explication. Venez, mon
ange, volez dans mes bras, venez
recevoir les derniers soupirs d'un
amant qui brûle de mourir sur votre
sein délectable.

Signora G.... Ha ! ha ! ha ! maintenant vous me faites rire réellement.
Il est impossible de résister. Mais
vous êtes certainement devenu fou.

Monsieur Men..z. Si je le suis, madame, né vous en prenez qu'à vous.

Signora G..... Je suis fâchée d'en être la cause. — Mais je pense que le meilleur conseil que je puisse vous donner, est d'écrire à quelques-uns de vos amis, de vous envoyer un des aides du Docteur. Monro, pour aviser à votre prompte guérison.

Monsieur Men..z. Oh! Madame, si vous connoissiez les tourmens que je ressens en ce moment, vous me traiteriez avec plus de compassion. — *Il tombe à ses genoux, et saisit sa main qu'il couvre de baisers.*

Signora G..... Justes dieux ! vous m'effrayez réellement ! — Vous avez une folie canine, je le proteste ! Je craignois que vous ne me mordiez le petit doigt.

Monsieur Men..z. Oh ! non, Madame, je ne veux point blesser la plus petite partie de ce qui vous appartient ; mais l'amour, le puissant amour, doit enfin parler en ma faveur.

Signora G..... L'amour, dites-vous. Avant de vous répondre, M. Men..z, regardez-vous dans la glace ; consultez, pendant un moment, votre douce, jolie, petite et chère personne, pas plus haute qu'une canne, avec ses yeux perçans, et ses dents enchanteresses ; dites-moi, si l'ensemble de tant de perfections peut possiblement inspirer une tendre passion.

(Monsieur Men..z fut tout-à-fait étonné de cette demande.)

Monsieur Men..z Eh bien ! Madame, permettez-moi, de vous rappeler le proverbe vulgaire, mais véritable, que les *petits chiens ont de longues queues.*

(5)

Signora G..... De longues queues !
Oh ! cela est ridicule de *longues
queues* ! Ha ! ha ! ha ! Eh bien !
Monsieur Men...z , fussiez-vous toute
queue , elle ne seroit pas moitié assez
longue pour moi.

Fin du Tome premier.